복가(福家) 터는
있는가

복가(福家) 터는 있는가

초판 1쇄 인쇄 2021년 12월 10일
초판 1쇄 발행 2021년 12월 18일

신고번호 제313-2010-376호
등록번호 105-91-58839

지은이 이용훈, 이승원

발행처 보민출판사
발행인 김국환
기획 김선희
편집 정은희
디자인 김민정

주소 서울시 강서구 마곡서로 152, 두산타워 A동 1108호
전화 070-8615-7449
사이트 www.bominbook.com

ISBN 979-11-92071-09-1   03100

• 가격은 뒤표지에 있으며, 파본은 구입하신 서점에서 교환해드립니다.
• 이 책은 저작권법에 의하여 보호를 받는 저작물이므로 무단 전재와 복사를 금합니다.

미래 대한민국의 국부제왕은
누가 될 것인가?

복가(福家) 터는 있는가

이용훈, 이승원 공저

머리말

　　코로나19의 장기간 지속으로 인하여 전 세계의 경제가 대공항을 맞고 있는 현실이 현시대의 흐름이다. 솔로몬 왕과 다윗의 유명한 일화 "이것 또한 지나가리라."처럼 우리는 환경의 지배를 받으며 살아가고 있다. 모두가 직면한 환경은 같다고는 하지만 모두가 다 잘 사는 것은 아니다.

　　잘 사는 사람과 못 사는 사람, 고귀한 인물과 비천한 인물, 장수하는 인물과 요절하는 인물이 있다. 이런 차이는 어찌하여 생기는 것일까? 서울은 어찌하여 대한민국의 1/4이 모여 살고 시골 마을은 어찌하여 사는 사람들이 적을까? 선조는 어찌하여 임금님이 되어 파란만장한 임진왜란을 겪어야 했을까? 대재벌 총수들은 특별히 선택받은 인물일까? 왕과 대통령은 어찌하여 나라님이 되었을까? 희노애락(喜怒哀樂), 흥망성쇠(興亡盛衰)는 어찌하여 생길까?

수십억 인구 중 천태만상의 길흉화복이 제가끔 다르고 생사가 유별할까? 과학만능시대에 삼라만상을 우리는 얼마나 알까? 1/10일까? 1/1억조일까? 우주를 정복하기 위하여 인공위성으로 별나라에 가는 과학만능시대에 가상학은 존재할까? 너나 할 것 없이 노력만으로 부귀권세할 수 있을까? 인간의 운명은 누가 좌우할까?

부귀, 빈천, 행복, 불행을 지배하는 섭리는 무엇일까? 무한한 공간과 시간은 어떠한 법칙 따라 운행될까? 환경에 적응하는 동식물(動植物)은 생존하고, 환경(Environment)에 적응하지 못하는 동식물은 멸종되었다. 정신인 양(陽), 육체인 음(陰)이 융화됨이 살아있음이요, 정신과 육체가 분리됨이 죽음이다.

음(陰)의 변화는 느리고, 양(陽)의 변화는 신속하다. 명당지역에서 귀인 나고 험준한 두메산골에서 빈천자가 난다! 어떤 마을에선 수백명의 선생님, 교수, 박사 나고, 어떤 집에선 쌍둥이가 태어나고, 어떤 집에선 부자 난다! 어느 검사가 범죄를 연구하다 범죄 종류와 주위환경과 집 모양 따라 좌우됨을 발견하게 되었다고도 한다. 맹모삼천지교(孟母三千之敎)도 결국은 환경학(Environment)이다. 집 모양이 태교(胎敎)에 영향을 미침은 지대하다.

잘 되는 가문은 고목에서도 꽃이 핀다!
잘 되는 가문은 가시나무에서 수박이 열린다!

무엇이 도왔길래 저렇게 잘 될까? 환경의 정기가 나쁘면 모든 생물에 미치는 영향도 나쁘다. 환경의 정기가 좋으면 모든 생물에 미치는 영향도 좋아진다. 저자는 이러한 환경의 영향이 집의 터, 양택, 명당자리 환경을 바꾸어줌으로써 흉한 기운을 멀리하고 길(吉)한 기운을 가져다줄 수 있는 풍수, 명당, 양택을 택하여 그동안 본인만이 알 수 있는 나쁜 운을 좋은 운으로 바꾸어줄 수 있는 비방 방법을 집필하게 되었다. 코로나19로 모두가 경제적, 사회적, 정신적으로 어렵다고 하는 현시대 당신만의 기운을 만들어 모두가 함께 행복한 세상을 만드시기를 바란다.

- 2021년 12월

저자 일동

풍수 이야기

　풍수(風水)는 인간이 자연환경에 적응하기 위한 생활방식을 터득하는 데서 시작되었으며, 문명이 발전하기 전부터 인간은 자연환경을 경험하고 합리적인 생활방식을 터득하게 되는데, 이 과정에서 상택(相宅)이라는 부분이 부각되면서 풍수가 시작되었다.

　풍수는 바람(風)과 물(水)이다. 바람은 감추고 돈을 부르는 물은 모은다는 장풍취수(藏風聚水)의 줄임말이다. 주택을 짓거나 묘지를 쓸 때 앞에는 강이나 개울이 있고, 뒤에는 바람을 막는 언덕이나 산이 있는 배산임수(背山臨水)로 장풍취수의 전형이다. 앞뒤로 안정을 이루어야 하는 풍수는 기(氣)로써 이기(理氣)와 형기(形氣)로 나눈다. 기는 바람과 같이 손에 잡히지 않고 무게도 없다.

　중국을 비롯한 한반도에서는 겨울철 차가운 북서풍을 견디어야 하는 대륙성 자연환경이 문제시되었다. 그래서 대륙성 자연환경에 맞는 생활방식을 찾았는데, 대표적인 것이 남향의 집과 추운 겨울 북서풍을 막을 수 있는 지형에 의탁하여 집터를 형성하는 것이었다. 또한 인간이 삶을 영위(營爲)하기 위해서는 바람을 막는 것도 중요하지만 취수(取水), 즉 물을 얻는 것도 중요하였다. 이렇게 바람을 막고 물을 얻는 데서 풍수는 시작되었다. 풍수에서는 이러한 일련의 과정을 '장풍득수(藏風得水)'라 하는데, 장풍득수의 줄임말이 풍수이다.

　풍수의 기원은 고대 중국의 황토 고원지대에서 굴을 파서 흙굴집을 짓고 살던 사람들로부터 시작되었다고 본다. 풍수에서는 좋은 터를 혈(穴)이라고 한다. 혈의 어원을 살펴보면 흙굴방(土室, cave)이라는 뜻으로 바로 굴을 파서 주택을 만드는 흙굴집을 의미하는 것이다. 이러한 풍수의 발생적 특징은 풍수가 단순히 미신적 행위와 주술적 행위를 통한 술수적 측면만 있는 것이 아니라 자연환경을 경험하면서 발생한 실증적 측면이 강한 학문이라는 것을 보여주고 있다.

풍수의 기원에서 알 수 있듯이 풍수는 장풍득수를 할 수 있는 좋은 땅을 혈(穴)이라고 부르는데, 혈이라는 이상적인 장소를 찾아 정주(定住)하는 데 있다. 이러한 정주 공간의 공간적 특징으로는 산을 기대고 물을 얻는 배산임수(背山臨水)의 지형을 이상적으로 가정하고 있다. 배산임수의 지형 공간을 좀 더 구체적으로 살펴보면 다음과 같다.

먼저 혈로 가정되는 정주 공간을 중심으로 뒤에는 병풍처럼 받쳐주는 배산(背山)이 있고, 좌측과 우측으로 바람을 막아주는 산이 있어야 한다. 그리고 혈 앞으로 물이 있고, 물 너머로 앞에서 불어오는 바람을 막아주는 산이 있어야 한다. 풍수에서는 정주 공간의 사면을 산이 막아주고, 그 사이로 물이 흐르는 자연 지형을 명당공간(明堂空間)이라 한다.

이러한 지형적 특징을 풍수적 용어로 해석하면 다음과 같이 풀이된다. 배산이 되는 산을 주산(主山)이라고 하며, 혈을 중심으로 좌측과 우측에서 바람을 막아주는 산을 청룡(靑龍)·백호(白虎)라 한다. 여기서 좌측의 산을 청룡, 우측의 산을 백호라 한다. 그리고 물을 건너 앞에 있는 산을 안산(案山)이라 하고, 안산 너머에 펼쳐진 수많은 산을 조산(朝山)이라 한다. 풍수에서 가정한 이상적 공간은 혈을 중심으로 주산과 청룡·백호, 그리고 안산과 조산이 감싸는 지형을 이루는 것이다.

풍수에서는 주산과 청룡·백호, 조안산을 사신사(四神砂)라고 한다. 그리고 배산이 되는 산을 북쪽을 상징한다고 해서 현무(玄武)라고도 하며, 안산은 남쪽을 상지한다고 해서 주작(朱雀)이라고 표현하기도 한다.

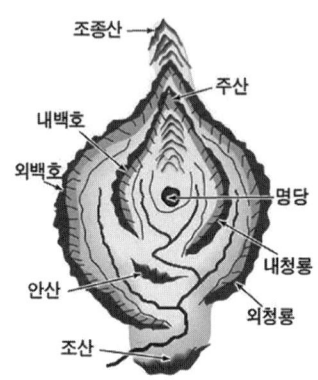

풍수에서 가정한 이상적 지형 공간은 주변의 산이 사면을 감싸는 공간으로 원형적 지형 공간을 추구한다. 이러한 원형적 공간은 지형의 특성상 공간의 안정성을 가져다준다. 현대의 정주 공간은 주변의 자연을 경관으로 끌어들이는 것을 선호하여 조망을 위한 트인 공간을 선호한다. 하지만 풍수에서는 현대와 같이 트인 공간보다는 내적인 안정감을 위한 막힌 공간을 선호한다.

그리고 정주 공간은 혈로 가정된 곳으로 산을 타고 흐르는 기(氣)가 응축되어 있다고 본다. 여기서 혈은 살아있는 사람들을 위한 공간으로 양택(陽宅), 죽은 사람들을 위한 공간으로 음택(陰宅)을 모두 포함

한다. 혈의 공간을 좀 더 넓혀보면 마을 또는 읍치 단위까지 가정한 양기(陽基)의 넓은 범위를 포함할 수 있다. 광의로 본다면 국가적 통치의 공간도 혈의 공간으로 포함할 수 있다.

우리나라에서 풍수는 통일신라시대부터 고려시대까지는 양택 또는 양기를 중심에 두었으며, 조선시대에는 음택을 중심에 두고 있다. 그리고 현재 남아있는 대부분의 풍수서는 조선시대에 발견된 것으로 음택을 중심으로 하는 책들이 대부분이다. 풍수에서의 공간은 양택이든 음택이든, 양기든 음기든 태조산(太祖山)에서 시작해서 중조산(中祖山), 소조산(小祖山), 주산(主山), 혈(穴)로 이어지는 산맥의 조종적(祖宗的) 흐름을 중요시한다. 이러한 산맥의 조종적 흐름은 혈이 단순히 존재하는 것이 아니라 뿌리를 가진 필연적 연결고리로서 가치를 가진 존재로 본다는 것이다. 조종적 연결을 가진 혈과 주변의 자연 지형이 유기적(有機的)으로 결합되어진 공간에 혈이 존재한다는 의미를 함축하고 있다.

풍수에서 자연 지형은 용혈사수(龍穴砂水)와 향(向)이 유기적(有機的)으로 결합되어 인간에서 많은 영향을 준다고 설명하고 있다. 동양적 사고에서 산은 선형적이고 유동적인 흐름을 하고 있는 것으로 판단하여 상징적 동물인 용(龍)으로 비유하고 있다. 그래서 풍수에서는 산을 용이라 하고 땅의 기운, 즉 지기(地氣)가 운행하는 통로로 보았다. 그리고 이 용을 통해서 흐르는 기가 물을 만나면 운행을 멈추게 되는데 이곳을 혈(穴)이라 한다.

그리고 지기는 바람을 만나면 흩어진다고 인식하여 바람을 감추는 주변의 지형이 필요로 하는데 이것을 사(砂)라고 한다. 물은 기를 멈추게 하고, 물의 모양에 따라 길흉의 척도로 삼는다. 용의 흐름과 물의 흐름에 맞는 이상적인 방향을 향(向)이라 한다. 이들 용혈사수와 향이 유기적인 형태로 결합하여 이상적인 공간을 만들게 되면 이것을 명당이라 하고, 이곳에 양택과 음택을 조성하게 되면 복을 받는다고 강조하고 있다.

풍수에서 자연은 단순히 인간의 지배를 받는 피동적 존재가 아니라 인간에게 영향을 주고받는 능동적 존재로 보고 있다. 혈이라는 공간에 음양택이 있으면 산맥을 타고 흐르는 기(氣)로 인해서 복을 받는데, 산의 모양에 따라 영향을 받는다고 보고 있다. 특히 배산의 모양을 중요시하고 있다. 배산이 소의 모양이면 풍요를 주고, 뱀의 모양이면 자손이 번성한다고 보았다. 그리고 산은 그 모양에 따라 5가지로 표본을 정하고 있는데 목화토금수(木火土金水)라 한다. 산은 목화토금수(木火土金水)의 모양에 따라 인간에서 영향을 준다고 보았다.

한반도의 풍수는 한반도와 만주를 중심으로 생활의 터전을 마련했던 우리 조상들은 그 기후에 맞는 생활방식을 터득하면서 우리만의 독특한 문화를 이루었다. 특히 한반도를 중심으로 한 생활문화는 우리 풍토에 맞는 집터 또는 묏자리를 잡는 방식에서 자리 잡게 되었다고 볼 수 있다. 풍수에서는 이것을 자생풍수라 한다. 우리 기후와 자연 지형에 맞게 집터를 잡고, 묘지를 조성하는 것은 넓게 보면 상택(相宅)이라는 관점에서 풍수가 된다고 할 수 있다. 특히 터에 대한 신성성(神聖性)은 땅을 어머니로 보는 지모관념(地母觀念)으로 승화되어 우리 전통의 토지관이 되었다.

통일신라 이후 중국의 풍수사상이 유학승을 중심으로 도입되었고, 우리의 전통의 상택 또는 토지관과 결합하여 비보풍수(裨補風水)라는 독특한 풍수 이론이 정립하게 되었다.

도선(道詵)에 의해 주창된 비보풍수는 명당의 절대성과 불변성을 부정하고 불완전하고 취약한 땅이라도 인간의 노력으로 좋은 땅으로 만들 수 있다는 가변적(可變的) 명당관을 중요시하는 이론이다. 대표적인 것으로 비보숲과 비보사찰 및 비보사탑을 들 수 있다. 마을 앞뜰로 바람이 들어오기 쉽거나, 물이 넘치기 쉬운 경우 숲을 조성하여 마을의 안녕을 찾는 것에서 확인할 수 있다. 비보사찰 또는 비보사탑으로는 전라남도 화순군의 운주사를 대표적으로 들 수 있다. 이러한 비보풍수는 고려시대의 중요한 풍수 논리가 되었다.

조선시대에는 중국의 풍수 이론인 음택풍수를 중심으로 발전하게 되었다. 조선 전기에는 형세론(形勢論)이 주류를 이루고 있었으며, 임진왜란 이후에는 형세론과 이기론(理氣論)이 공존하다가 조선 후기에는 도참적(圖讖的) 성격이 강화되면서 이기론이 주류를 이루게 되었다. 형세론은 앞에서 언급한 용혈사수를 통하여 명당의 길흉을 판단하는 이론이고, 이기론은 여기에 향을 더하여 향에 따른 길흉을 판단하는 이론이다.

여기서 이상적인 향의 방위는 음양택의 방위가 물이 혈을 지나 빠져나가는 방위와 합리적으로 배치되는기를 판단하는 이론이다. 여기서 물이 빠져나가는 곳을 파구(破口)라 한다. 합리적인 방위의 기준은

파구의 방위와 음양택의 방위가 음양(陰陽)의 논리와 오행(五行)의 논리, 주역(周易)의 논리를 적용하여 부합하는가에 있다.

이러한 이기론은 특히 임진왜란과 병자호란을 거치면서 전쟁과 질병, 수탈에서 벗어나 피안의 세계를 그리게 민중들의 심리와 부합되었고, 도참적 성격이 강한 비결서의 책들이 만들어지게 되었다. 특히 전쟁과 질병을 피할 수 있는 명승지로서 십승지(十勝地) 또는 전국의 명당을 풍수적 상징성으로 소개하는 결록류(訣錄類)가 여기에 해당한다. 결록류에 대표적인 것으로 도선국사결록(道詵國師訣錄), 무학비기(無學秘記), 손감묘결(巽坎妙訣), 명산록(名山錄), 명산도(名山圖), 산도(山圖) 등의 책을 들 수 있다. 그리고 풍수 이론서도 발간되었는데, 한반도에 맞는 풍수 이론을 재정립한 것은 찾아볼 수 없으며, 대부분 중국의 풍수 이론을 소개하거나 요약해서 필사한 것이 주류를 이룬다. 그런데 일부 내용에서 우리 정서에 맞는 이론을 볼 수 있다. 대표적인 것으로 교산금두경(喬山金斗經), 일편금(一片金), 무기해(戊己解) 등이 그것이다.

현대의 풍수 이론은 새로운 이론과 적용의 다양화를 추구하며 발전하고 있다. 특히 과학적 사고와 실증적 사고를 중요시하여 통계와 검증을 통한 이론 정립에 힘쓰고 있다. 또한 다양한 분야에서 풍수를 접목하여 활용하는 시도가 이루어지고 있다.

기(氣)는 천명(天命)의 사상에는 인명(人命)은 재천(在天)이요, 사람의 복록은 하늘에 달려 있다고 한다. 풍수는 바람(風)과 물(水)이다. 바람은 감추고, 돈을 부르는 물은 모은다는 장풍취수(藏風聚水)의 줄임

말이다. 주택을 짓거나 묘지를 쓸 때 앞에는 강이나 개울이 있고, 뒤에는 바람을 막는 언덕이나 산이 있는 배산임수(背山臨水)로 장풍취수의 전형이다. 앞뒤로 안정을 이루어야 하는 풍수는 기(氣)로서 이기(理氣)와 형기(形氣)로 나눈다. 기는 바람과 같이 손에 잡히지 않고 무게도 없다.

"알게 모르게 기를 살리자 기가 죽었다."라는 말을 한다. 생기, 사기, 분위기, 음기, 양기, 공기, 천기, 자기, 향기가 있고, 삶에 깊이 관여한다. 비단 풍수뿐 아니라 동양의 사상과 문명은 기의 개념을 떠나서는 설명되지 않는다. 기는 만물이 생성되고 변화하는 기본으로 기가 맑으면 오래 살고, 기가 탁하면 일찍 죽기도 한다. 생명을 유지하는 동력원의 추상적 요소에서 청탁이라는 개념까지 확장됐다. 살고 죽는 문제를 결정하는 중대한 의미의 기는 바람과 같이 손에 잡히지도 않고 눈에 보이지도 않으며 무게도 없다.

"기가 막힌다. 기가 차다. 기가 빠진다. 기가 죽었다."는 표현은 일상에서 자연스럽게 표현된다. 기분이 좋으면 생기이고, 나쁘면 사기이다. 기분이 좋아지는 기가 있는 곳이 좋은 풍수의 환경이고, 나쁜 기운이 일면 좋지 않은 풍수이다. 기는 알게 모르게 우리 생활 속에 깊이 관여하고 있는 생활의 기본 요체이다. 풍수에서 볼 때 부자가 되는 비결은 의외로 간단하다.

풍수를 잘 활용하면 재화가 창출된다. 재물을 이루는 풍수의 기는 어느 한정된 계층이나 영역에 머물러 쓰이지는 않고 누구에게나 공평하기 때문이다. 명리든 풍수든 예외 없이 음양오행 팔괘 구성을 원리로 세웠다. 배산임수(背山臨水)요, 장풍취수(藏風聚水)를 말로만 암기한들 무엇하겠는가. 운명적 극복이 어려운 부분을 풍수는 자신의 의지와 함께 실천으로 좋은 기운을 얻고 삶을 개선할 수 있다.

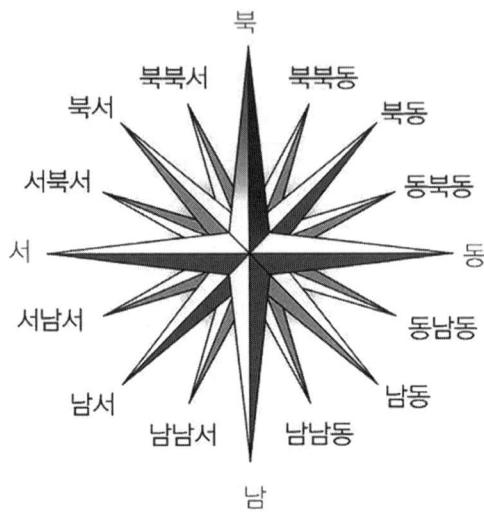

〈방위는 항상 중앙 기준〉

목차

머리말 • 4
풍수 이야기 • 7

제1장. 제왕과 환경론(帝王과 環境論) • 25

1. 제왕(帝王)터 • 26
    (1) 대통령 생가 공통점 • 30
    (2) 생가사격(生家砂格) • 36
    (3) 생가 떠난 대통령 • 37
    (4) 정신병 생길 땅 • 40
    (5) 권력과 맞는 땅 • 42

2. 제왕혈(帝王穴) • 47
    (1) 암장 대통령 • 47
    (2) 만사형통 대통령 • 53
    (3) 장군폐검 대통령(將軍佩劍 대통령) • 55
    (4) 금계포란 대통령(金鷄抱卵 대통령) • 56
    (5) 혁명 대통령 • 57
    (6) 권력지향(權力指向) • 58

3. 제왕과 환경(帝王과 環境) • 59
    (1) 권력, 환경, 야합 • 64
    (2) 천불시지불수(天不貽地不受) 환경윤리 • 67

제2장. 환경유래(環境由來) • 71

제3장. 양기(陽基) • 77

1. 양택(陽宅) • 80
   (1) 지세(地勢) • 80
   (2) 택지(宅地) • 82
   (3) 정수론(精水論) • 84
   (4) 사격(砂格) • 85

2. 가옥(家屋) • 86
   (1) 대문(大門) • 87
   (2) 택목(宅木) • 88
   (3) 오허택빈모(五虛宅貧耗) • 91
   (4) 오실택부귀(五實宅富貴) • 91

제4장. 양택론(陽宅論) • 95

1. 가상과 지역(家相과 地域) • 99
   (1) 명당지(明堂地) • 100
   (2) 천신기(天神氣) • 101
   (3) 양택(陽宅) • 102
   (4) 택지(宅地) • 103

2. 택지삼요(宅地三要) • 105
   (1) 배산임수 건강장수(背山臨水 健康長壽) • 106
   (2) 전저후고 세출영호(前低後高 世出英豪) • 106
   (3) 전착후관 부귀여산(前窄後寬 富貴如山) • 107

3. 가상법(家相法) • 108
   (1) 길흉(吉凶) • 109
   (2) 길배치(吉配置) • 110
   (3) 흉배치(凶配置) • 111

    (4) 동서사택(東西舍宅) • 112
    (5) 라경패철(羅經佩鐵) • 113
    (6) 동사택(東舍宅) • 114
    (7) 서사택(西舍宅) • 114
    (8) 라경고정(羅經固定) • 115
    (9) 주기두(主起頭) • 116
    (10) 추리법(推理法) • 116

4. 방주측정(房廚厠庭) • 118
    (1) 주방(廚房) • 119
    (2) 정원(庭園) • 120
    (3) 장원(墻垣, 담장) • 121
    (4) 화장실 • 122

5. 신풍정수(神風精水) • 125
    (1) 지세(地勢) • 127
    (2) 지질(地質) • 128
    (3) 대지(垈地) • 129
    (4) 건평(建坪) • 130
    (5) 부속건물(附屬建物) • 131
    (6) 도로(道路) • 131
    (7) 택지(宅地) • 131
    (8) 담장 • 133
    (9) 증개축(增改築) • 134

6. 가상오요(家相五要) • 135
    (1) 형상(形相) • 136
    (2) 아파트(APT) • 137
    (3) 사무실(事務室) • 137

제5장. 팔괘론(八卦論) • 139

1. 감정북(坎正北) • 140
    (1) 간북동(艮北東) • 141
    (2) 진정동(震正東) • 141
    (3) 손남동(巽南東) • 142
    (4) 리정남(離正南) • 143
    (5) 곤남서(坤南西) • 143
    (6) 태정서(兌正西) • 144
    (7) 건북서(乾北西) • 144

2. 나경패철(羅經佩鐵) 강희윤도 • 146
    (1) 측정법(測定法) • 147
    (2) 가상삼요(家相三要) • 147

3. 질병(疾病) • 149

4. 산곡성시(山谷城市) • 152
    (1) 양택총강(陽宅總絳) • 153

제6장. 가상(家相) • 157

1. 구조(構造) • 160
    (1) 길상(吉相) • 161
    (2) 흉상(凶相) • 162

2. 개수(改修) • 163
    (1) 정원허(庭園虛) • 164

3. 흉기(凶器) • 165
    (1) 길기(吉氣) • 166

4. 기순환(氣循環) • 168
   (1) 살기(殺氣) • 169

5. 패철고정(佩鐵固定) • 170

6. 기두(起頭) • 172
   (1) 변화기두(變化起頭) • 173
   (2) 라경측정(羅經測定) • 174
   (3) 흉가상(凶家相) • 176

7. 정원길흉(庭園吉凶) • 178
   (1) 정원길(庭園吉) • 178
   (2) 정원흉(庭園凶) • 179

8. 건물정원빈상(建物庭園貧相) • 180
   (1) 건물빈상(建物貧相) • 181
   (2) 건물부상(建物富相) • 182

9. 라경정위(羅慶正位) • 184

제7장. 화복론(禍福論) • 187

1. 길사택(吉舍宅) • 188
   (1) 효자(孝子) • 188
   (2) 부귀여산(富貴如山) • 189
   (3) 부귀장구(富貴長久) • 190
   (4) 부귀속발(富貴速發) • 191
   (5) 생자가(生子家) • 192
   (6) 세가형통(貰家亨通) • 193
   (7) 전화위복(戰禍爲福) • 194
   (8) 길상(吉相) • 196
   (9) 사무실 점포(事務室 店鋪) • 197

2. 흉사택(凶舍宅) • 199
   (1) 건물빈상(建物貧相) • 200
   (2) 순양(純陽) • 201
   (3) 부거(婦去) • 202
   (4) 부거(婦去) • 203
   (5) 부거(夫去) • 204
   (6) 부거(夫去) • 204
   (7) 부거(夫去) • 206
   (8) 내주장(內主張) • 207
   (9) 부녀음탕(婦女淫湯) • 208
   (10) 후원첩산재(後園妾散材) • 208
   (11) 장남사(長男死) • 210
   (12) 쌍금극목(雙金克木) • 211

제8장. 천년항해(千年航海) • 213

1. 고려건국신화(高麗建國神話) • 214
   (1) 삼건(三建) • 214
   (2) 호경(虎景) • 215
   (3) 강충(康忠) • 215
   (4) 보육(寶育) • 216
   (5) 작제건(作帝建) • 216
   (6) 용건(龍建) • 217

2. 신정치권(新政治權) • 219
   (1) 도선(道詵) 국사(國師) • 219
   (2) 선인(仙人)과 도선(道詵) • 220
   (3) 오호통지(嗚呼痛地) • 221
   (4) 새판(新板) • 222

3. 천년출항(千年出港) • 224
   (1) 미래도선사(未來導船師) • 225

4. 민족분열(民族分裂) • 227
   (1) 임금의 종자씨 • 227
   (2) 난세영웅(亂世英雄) • 229
   (3) 비법오종(秘法五種) • 230
   (4) 성주왕건(城主王建) • 231
   (5) 옥룡자(玉龍子) • 232

5. 고려건국(高麗建國) • 234
   (1) 도선비기(道詵祕記) • 235
   (2) 훈요십조(訓要十條) • 236
   (3) 창업론(創業論) • 239

6. 조선건국(朝鮮建國) • 240
   (1) 조선과 무학(朝鮮과 無學) • 242

7. 천년후 기항(千年後 寄港) • 243
   (1) 미래(未來) 터전 • 243

역대 대통령은 조상이 환경(環境, Environment) 관념을 갖고 좋은 자리를 찾아 무덤을 쓰거나 옮긴 것이 사실이다. 생가는 환경(環境)에서 말하는 좋은 터의 입지 조건에 부합하는 일정한 공통점이 있다. 역대 대통령뿐만 아니라 현재 대권을 꿈꾸는 일부 정치인의 생가도 산능선의 끝집에 해당하나 기운을 감당하지 못해 가족 중에 누군가 사고를 당하거나 생가에서 떨어져 사는 등의 이력을 답사를 통해 확인할 수 있다.

제1장

제왕과 환경론
(帝王과 環境論)

1. 제왕(帝王)터

모진 바람을 막아주는 부드러운 산세(山勢),

여유 있게 흐르는 물!

집터, 마을터, 도읍지를 고르는 양택(陽宅)과 묘자리를 보는 음택론(陰宅論)으로 나눈다. 살아서는 편안하고 아늑한 집에서 살고 싶고, 죽어서는 양지바른 언덕에서 편히 쉬고 싶던 조상들은 환경사상(環境思想)이 싹텄을 것이다. 그렇다면 좋은 땅인 명당(明堂)은 무엇인가? 어디에 있는가? 자연의 기운이 가장 많이 뭉쳐 있는 곳이 명당(明堂)이다. 환경 상식 없어도 본능으로도 대략적으로 느낄 수 있는 곳이다. 가장 큰 명당은 수도(首都), 군소도시, 자연부락, 집터이고, 가장 작은 것이 묘(墓)자리인 음택(陰宅)이다.

북악(北岳)의 위풍당당한 모습은 주산(主山)으로 웅장한 서기광채(瑞氣光彩)가 난다. 인왕산은 더욱 장엄하여 서기(瑞氣) 왕성(旺盛)한

백호(白虎)다. 관악산은 웅장한 조산(朝山)이다. 푸른 한강은 서울을 휘돌아 감싸 안으니 산천정기를 멈추어 간직한다.

남산(南山)은 안산(案山)으로 안정을 이루었다. 서울은 내명당(內明堂, 산소의 묘판이나 주거지의 주 건물의 바로 앞쪽)과 외명당(外明堂, 내명당 밖에 있는 넓고 평탄한 곳을 말한다)이 잘 조화를 이루었고, 산세가 빼어나게 아름답고 한강물이 회포 유정하니 영원히 번성하리라.

청와대와 경복궁을 가로막고 있는 조선총독부 건물이었던 국립박물관이 일자(日字)로 세웠으니 민족의 정기를 근본적으로 말살하려는 계략이다.

시청 건물은 본자(本字)로 세워 결국 일본(日本)이란 뜻이다. 락산(駱山)은 청룡(靑龍)으로 남자(男子)요, 장손(長孫)이요, 문(文)이다. 인왕산(仁旺山)은 백호(白虎)로 여자(女子)요, 지손(支孫)이요, 무(武)이다. 북악(北岳)은 주산(主山)으로 주인(主人)이요, 귀(貴)요, 정부(政府)의 권세(權勢)다.

서울은 백호가 높고 강(强)하고, 청룡은 낮고 약하여 장손보다 지손이 성(盛)하고, 문보다 무가 성하고, 남자보다 여자가 기승을 부린다. 실제로 이조 오백 년 동안 장손보다 지손이 거의 다 왕이 되었고 외손이 권세를 휘둘렀다. 일반인도 장손보다 지손이 성공 득세하여 부귀를 누렸다.

약한 청룡을 비보(裨補)하기 위해서 동대문(東大門) 밖에 둥근 외성(外城)을 쌓고 흥인지문(興仁之門)이라 하여 산맥(山脈)같이 생긴 지자(之字)를 추가하였다.

궁궐(宮闕)을 동향(動向)으로 해야 하는 이유는 서울의 지세가 북악(北岳)을 주산(主山)으로 하면 청룡이 너무 낮고 약하고, 백호가 너무 높고 강하기 때문이다.

인왕산을 주산으로 하여 청운동(靑雲洞)에 궁궐을 세우면 청룡인 북악산을 삼각산이 보호하여 장손과 문(文)이 번성한다고 무학이 주장했다.

북악을 주산으로 하여 왕은 마땅히 남향(南向)해야 하는데 동향(東向)함은 도저히 있을 수 없다고 정도전이 주장하였다. 이리하여 무학이 크게 걱정한다.

북악을 주산으로 하여 남향으로 궁궐(宮闕)을 지으면 국모가 죽고, 용상(龍上)의 앞에서 피비린내가 낭자하여 골육상쟁이 일어나고 장손이 쫓겨나고, 왕손(王孫)이 떼죽음을 당하는 현상이 벌어진다 하였다. 이것이 적중하여 신덕왕후가 돌아가시고 덕수궁 부근에 모시니 정릉(貞陵)이라 하였다. 후에 정동이 되고, 이장한 곳이 지금의 정릉이다.

왕자(王子)의 란(亂)은 골육상쟁으로 계비 소생인 방석을 세자로 책봉하려 하니 방원이 군사를 동원하여 태조 이성계를 위협하고 방번, 방석을 참살한다. 세자인 방석을 옹립하려던 정도전과 같은 인물들이 죽었다. 세종대왕의 맏아들인 문종(文宗)도 일찍 돌아가시고, 그 아들 단종(端宗)도 삼촌인 수양대군에게 영월로 쫓겨나 죽는다. 단종 복위를 모의하던 집현전 학자 여럿이 죽임을 당하니 무학대사의 예언이 적중하였다.

무(武)인

청운동에서 세검정에 부암터널, 청운터널, 구기터널을 뚫어 백호를 끊으니 무(武)가 견디지 못하고 서울을 떠나서 충청도 계룡산 밑 신도안으로 국방부가 이전하였다. 미팔군도 떠나야 하는 결과를 가져온 것이다.

문(文)인

청룡 줄기를 삼청터널을 뚫어 맥을 끊으니 문(文)인 서울대학, 국회의사당, 초중고등학교, 학원까지 서울을 떠났다.

권(權)은

주산용맥에 북악터널을 뚫으니 래용맥이 끊겨 정부청사도 서울을 떠나 대전이나 과천으로 이전했다. 미주가 통합하고 유럽이 통합하듯이 세계는 통합된다.

세계 통합정부의 의사당은 세계적인 관광지로 유명한 금강산 밑이다. 통합정부 청사는 요녕성이 수도다. 통합 대통령은 서산 자미원의 천하 대명당에서 난다. 만주 벌판이 고구려 발해땅이듯이 우리 땅이 되고 그만큼 인구도 많아진다.

(1) 대통령 생가 공통점

고려시대 부산(釜山) 동래(東來) 화지산에 조상을 모시고 발복한 곳이 동래정씨 시조다. 남대문 시장 일대가 회동(會洞)이었던 것이 동래정씨 집에 어진 사람이 많이 모였다 하여서 회현동(會賢洞)으로 바뀌었다.

신인(神人)이 이곳에 있는 은행나무에 코뿔소 뿔로 만든 정승만이 찰 수 있는 서대(犀帶, 허리에 두르던 띠)를 열두 개 걸었다고 한다. 영의정, 좌의정, 우의정이 열두 명이 나온다고 예언한 곳이다. 이십삼대 순조 때까지 열 정승이 나오고 고종, 순종 때 두 정승이 났으니 예언이 적중했다.

중종 때 영의정 **정광필**

선조 때 우의정 **정지연**과 좌의정 **정유길**

인조시 좌의정 **정창연**

인조, 효종, 현종 삼대에 걸쳐 여섯 번 정승을 한 **정태화**

효종시 좌의정 **정치화**

현종시 우의정 **정재숭**

영조시 좌의정 **정석오**

정조시 우의정 **정홍순**, 영의정 **정준겸**

고종시 영의정 **정원용**

순종시 우의정 **정범조**

열두 명의 정승뿐만 아니라 수백 명이 벼슬길에 올랐다. 지금은 상업은행 땅으로 은행나무만 남아서 명당자리를 지키고 있다. 신세계백화점에서 남산 쪽으로 오르는 길에 있다.

역대 대통령과 몇몇 대권을 지향하는 정치인의 생가와 선영을 살펴보면 독특한 보편성이 있다. 윤 대통령과 김 대통령은 조상 때부터 부자였기 때문에 그들의 집터는 동네에서 가장 좋은 터에 자리한다.

윤, 김 대통령의 생가는 모두 산능성이 동네 한가운데로 뻗어 내려와 산능선의 끝집이면서 동네 중심부에 자리 잡고 있다. 윤 대통령 생가터(충남 아산군 둔포면 신항리 새말)는 가진 자의 환경(環境)적 지혜를 활용한 작품이다. 하지만 박, 전, 노, 김 대통령의 경우는 가난해서 여유 있게 터를 잡을 수 없었다.

■ 래용 끝집

역대 대통령 집터의 공통점은 집 뒤로 산능선이 이어진다는 점이다. 동네를 감싸주는 변두리에 있지만 산자락의 끝집이라는 공통점이 있다. 환경론(環境論)은 산능선 끝집을 산이 다하는 곳이라 하여 중요시한다. 전선 따라 흐르는 전기처럼 산천의 정기는 산능선인 용의 지표면 따라 흐른다는 관념이다. 사람이 거처할 집은 산능선의 기세가 중요하다 하여 집 뒤로 이어지는 산능선을 중요시한다. 이러한 이론과 역대 대통령 집터가 일치함은 매우 흥미로운 일이다.

■ 금오산(金烏山)¹ 대통령

박성빈은 금오산 효자봉 산자락이 평지로 변하기 직전 끝머리에 집터를 골랐다. 선택의 여지 없이 지은 집이었던 것이다. 부자가 집 짓고 살 수 없는 작은 터였다. 집터는 삼오동 마을을 에워싸는 왼쪽 산능성인 좌청룡 끝부분으로 동네 전체로 볼 때 변두리다. 이 집에서 태어난 이가 박 대통령이다. 땅 기운과 은밀히 감응하는 사람은 그곳에서 태어난 사람이다.

■ 평사낙안(平沙落雁)² 대통령

경남 합천군 율곡면 내천리 생가는 동네 왼쪽 산능선의 끝자락이다. 생가로 이어지는 능선 맨 뒤 정상이 주산처럼 보이나 마을의 실질적 주산은 정상에 못재라는 연못이 있는 산이다. 못재가 있는 곳에서 몇 줄기 능선이 내려와 내천마을을 감싸고 있다. 동네 왼쪽 산줄기인 청룡 끝줄기에 생가가 위치한 것은 박 대통령 생가와 같다. 넓은 모래밭에 기러기가 내려앉은 형상인 평사낙안형(平沙落雁形)이다. 마을 앞을 감싸 흐르는 황강 모래밭에 기러기가 내려앉은 형상인 산세이며, 주둥이 부분이 생가터이다. 이런 땅은 길흉화복에 극단을 보여주는

1 　금오산(金烏山) : 소백산맥의 지맥에 솟아있으며, 산 정부는 비교적 평탄하나 기암괴석이 조화를 이룬 급경사의 바위산이다. 본래는 대본산이었으며, 당의 대각국사에 의해 금오산이라는 명칭은 이곳을 지나던 아도(阿道)가 저녁놀 속으로 황금빛 까마귀가 나는 모습을 보고 금오산이라 이름 짓고, 태양의 정기를 받은 명산이라고 한 데서 비롯되었다. 금오산의 능선을 유심히 보면 '왕(王)'자처럼 생긴 것 같고, 가슴에 손을 얹고 누워 있는 사람 모양인데, 조선 초기에 무학(無學)도 이 산을 보고 왕기가 서려 있다고 하였다.

2 　평사낙안(平沙落雁) : 모래펄에 날아와 앉는 기러기라는 뜻으로, 글씨나 문장이 매끈함을 비유적으로 이르는 말이다.

특징이 있다. 평사낙안형이 진짜가 아니면 후손이 끊긴다. 실제로 전 대통령이 태어나기 전에 나이 어린 두 형이 떨어져 죽은 것도 땅의 성격에 적응하지 못한 탓일 것이다.

■ 용두 여의주 대통령

대구시 동구 신용동 용지 마을로 대구의 명산 팔공산 자락 끝이다. 한 마리의 큰 용이 도사리고 있는 듯하며, 용의 머리라 할 만큼 보통 사람 눈에도 그렇게 보일 것이다. 특히 생가는 용머리의 중심에 자리한다. 동네에서 잘 사는 사람들이 우백호 능선 품안에 있는 반면, 노 대통령 생가는 동네 좌청룡 끝집이라는 것도 다른 대통령의 생가와 공통점이다. 고향을 감싸는 우백호 끝부분을 동산이라 하여 예부터 금기시해왔다. 생가에서 보면 우백호 끝자락이자 여의주에 해당된다.

동네 사람은 물론이고 노 대통령도 동산의 나뭇가지 하나도 손대지 못하게 했다. 생가의 특징은 2~3m 높이의 계단 위가 정원인데 계단들이 자연 암반으로 되어있다. 뒷산에서 이어지는 산능선이 노 대통령 생가 정원에서 끝났다는 증표이다. 정원 입구와 집 뒤에는 자연 암이 박혀있다. 집터나 묘지 주변에 자연암반(自然巖盤)이 나오면 권세와 발복이 빠른 것으로 해석한다. 자연환경(自然環境, Environment)으로 암반이 땅속 맥에 연결되어 있으면 지반이 안정되어 사람에 끼치는 심리적 영향이 크기 때문이다. 집터 주변이나 무덤 주변에 바위가 있을 때 좋은 바위면 권력을, 나쁜 바위면 재앙을 부른다는 극단적인 길흉화복으로 해석한다.

■ 희릉과 암반(禧陵과 岩盤)

조선 중종 때 희릉(禧陵) 사건이 있었다. 희릉은 중종의 부인 장경황후 윤씨(1491~1515)의 무덤이다. 윤씨가 죽자 중종은 정광필을 총호사로 임명하고 명사(明師) 조윤, 황득정, 성담기 등으로 하여금 서울 내곡동 국가정보원 부근으로 묘지를 정한다. 무덤 자리를 다섯 자쯤 팠을 때 큰 돌줄이 나와 더 팔 수 없었다. 광 중에 돌이 나온다는 것은 환경(環境)에서 극히 꺼린다.

현장에 있던 우의정 김응기가 도승지 손중돈으로 하여금 중종에게 보고한다. 중종은 돌이 있으면 쓸 수 없으니 아래가 쓸 만하면 내려쓰라 하여 약간 아래에 장지를 정하였다. 중종의 부인이자 인종의 어머니인 장경황후는 헌릉 서쪽에 묻혀 희릉이라 불리게 되었다.

그로부터 22년이 흘렀다. 1537년(중종 32년) 정언 이문건이 희릉에 돌이 박혀있다고 중종에게 아뢴다. 중종도 알고 있는 일이지만 이러한 말이 나오자 장경왕후에서 태어난 세자(인종)의 안위가 걱정되어 돌이 광 중에 있을 경우 어떤 길흉화복이 있는지 보고하도록 명한다.

관상감에서 올린 보고서는 험석이 있으면 재앙이 따른다는 것이다. 중종은 그해(1537년)에 능을 옮기게 하고, 관여했던 대신들과 명사(明師) 조윤, 성담기, 황득정 등을 유배시키거나 사형에 처했다. 그런데 중종의 아들 인종은 임금자리에 오른 지 8개월 만에 원인 모를 병으로 시름시름 앓다가 죽는다. 중종의 두려움이 현실로 나타난다. 희릉 사건은 정치세력 간 알력도 작용했지만 일차적으로 환경에선 바위가 보일 경우 길흉화복이 극단적으로 신속하게 나타난다고 보기 때문이다.

노태우 생가의 경우도 집 주변에 보이는 자연암반이 좋은 돌로 강력한 정기로 응기(應氣)하였다. 살기(殺氣)를 완전히 벗지 못했다는 점도 드러난다. 아버지는 교통사고를 겪는다. 국가적으로 불행을 야기했던 5·18 전후의 노태우 행적도 어느 정도 살기의 영향을 받았을 것이라는 해석이다.

■ 금구몰니 대통령(金龜沒泥 대통령)

목포에서 두 시간 뱃길에 후광 2구와 후광 1구 갈림길 우측으로 1km 떨어진 곳이 생가다. 거북이가 목을 길게 빼고 있는 형상이다. 거북이 머리 부분이다. 금거북이 진흙밭으로 들어가는 금구몰니형(金龜沒泥形, 금거북이가 진흙 속으로 잠겨 들어간다는 명당)이다.

하의도 북동쪽 끝으로 후광마을 끝집이자 외딴집이다. 다른 대통령의 집터처럼 동네의 좌청룡 끝지점이다. 집터는 마을 뒷산에서 내려온 산능선의 끝부분에 반달 모양의 언덕으로 둘러싸인 곳이다. 집 뒤로 이어지는 산능선은 후덕하다. 집 뒤 수백 미터 떨어진 주산은 높지 않다.

썰물 때는 섬의 북동쪽에 있는 장병도와 갯벌로 이어진다. 생가터는 하의도의 끝집이 아니라 장병도로 이어지는 지맥의 원줄기이자 맨처음 갈라져 나온 왼쪽 능선의 끝이다. 하의도 전체의 산들은 생가 우측 능선에 이어져 나가는 형상이나.

(2) 생가사격(生家砂格)

조선 9대 성종 8년 원자인 십대 연산군이 돌 전에 심한 중병에 걸리자 명당택으로 피병하기 위해서 강희맹(姜希孟)의 집으로 보냈다. 부인 안씨가 정성으로 간병하여 연산군을 쾌유시켰다. 이후 연산군의 위기를 여러 번 구해주었다. 연산군이 실 꾸러미를 삼키려다 목에 걸려 질식하여 죽기 직전에 구해주었다. 이런 일을 불문에 붙이라 당부했다. 시종들이 벌 받을 것을 염려함이었다.

연산군이 강희맹(姜希孟) 집 앞을 지나다 안씨 부인의 공덕을 기리기 위해서 정삼품(正三品)으로 제수하여 대부송(大夫松)이라 한다. 이 소나무가 강의맹 집뜰에 있었다. 엄천교와 남대문 중간에 아름드리 소나무가 있었으니 이것이 정삼품(正三品) 대부송(大夫松)이다.

역대 대통령 생가 주변 산들이 원형(圓形)이나 방형(方形)이 많다는 점도 하나의 공통점이다. 윤, 박, 전, 노, 김, 김 대통령 생가 주변에서 볼 수 있는 특징 가운데 집 주변에 부봉(富峯)과 일자문성(一字文星)이 보인다는 점이다. 앞의 산 모양이 평탄하거나 원형산일 때 길(吉)하다. 방형인 평탄한 산은 대궐처럼 중후하면서도 반듯한 모양의 산이기 때문에 임금이나 제왕의 기운이 있다.

원형산은 가마솥을 엎어놓거나 노적봉 같아 부귀의 기가 있다. 설천기(洩天機)를 저술한 중국의 환경(環境)학자 요금정은 방형을 재성(財星)으로 보았으나, 당나라의 양균송(楊筠松)은 존성(尊星)으로 보았다.

방형의 산을 재성(在城, 왕궁과 정부나 관청을 중심으로 하여 쌓은 왕성)으로 보느냐 존성(尊姓, 남의 성을 높여 이르는 말)으로 보느냐에 따라 길흉화복(吉凶禍福)이 달라진다. 재성일 경우는 큰 부자가 나오고, 존성일 경우는 임금이 나온다. 방형의 산 가운데 서기양명(瑞氣陽明) 깨끗한 느낌을 주는 산은 왕이 나오고, 흐린 느낌을 주는 산은 부자가 나온다.

한국의 역대 대통령의 생가나 선영에 방형의 산이 공통적으로 나타나는 것으로 보아 토형산을 권력자 배출과 연결시킨 옛사람들의 환경적(環境的) 관념이 억지 말은 아니다.

(3) 생가 떠난 대통령

경상북도 안동군 하회는 유(柳)씨 일족의 동성(同姓) 부락이다. 하회(河回)는 낙동강이 동(東)에서 남(南)으로, 서(西)로 다시 북(北)으로 서로 우회하여 둘러 감싸 안은 강의 북안(北岸)에 수려하고 깎은 듯한 석벽(石壁)이 문자 그대로 금대(襟帶, 산과 강으로 둘려있어 적의 침입을 막을 수 있는 요충지)의 산하에 둘러진 평파지(平波地)다.

경작에 적당하고 방어에 좋고 풍경이 양호한 곳임에 틀림없다. 원형 평파가 하안(河岸)에 가까운 곳이 행주형(行舟形, 배가 떠나가는 듯한 지세)이다. 중앙에서 쳐다보면 연화부수형(蓮化浮水形, 연꽃이 물 위에 떠 있는 형상이라는 뜻으로, 풍수지리에서 땅의 형국을 이르는 말)이다.

행주형(行舟形)³은 돛, 닻, 키를 갖추면 감응이 길다. 이것이 결하거나 우물을 파면 표류복멸(漂流覆滅)⁴한다. 연화부수형은 꽃과 열매를 일시에 구비한 유종의 미를 이룸과 동시에 향기가 높아 원만한 아름다운 꽃으로 불가에서 중요시한다. 이런 소응으로 자손이 영구히 번창하고 명예가 청사에 길이 빛날 걸출한 인물을 배출한다. 이런 훌륭한 꽃도 수외(水外), 수중(水中)에 있으면 피지 않고, 수면(水面)에 떠야 개화(開花)한다. 수면보다 너무 높아도 나쁘고, 너무 낮아도 나쁘다.

　유탁(柳琸)이 풍산 상리동에 이주할 때 허씨(許氏)와 안씨(安氏)가 살고 있었다. 허씨가 들어오고, 다음에 안씨가 들어오고, 그 다음에 유씨(柳氏)가 들어왔다. 이 땅은 이곳에 사는 사람의 외손(外孫)이 발복하는 땅이라 한다.

　이곳은 안씨가 허씨의 외손을 낳아 기르면 허씨가 멸하고, 안씨가 주인이 되었다. 또 유씨가 안씨의 외손을 낳자 안씨는 멸하고, 유씨가 날로 번창하여 동족 부락을 이루었다. 하안(河岸)에 살던 허씨, 안씨는 행주형임을 모르고 비보(裨補)하지 않아서 멸망했다.

　허씨(許氏), 안씨(安氏)의 구지(舊地)를 싫어하여 평파의 중앙에 자리 잡았다. 연화부수의 연꽃 중심에 자리 잡았고, 수평면과 비슷하게

3　행주형 : 행주형의 지세(地勢)에는 돛과 키와 닻의 세 가지 조건이 갖추어져야만 길지(吉地)가 되는데 그중 하나라도 부족하거나 또는 마을이나 집 안에 우물을 파면 끝내 표류(漂流)하거나 복멸(覆滅)한다고 풍수서(風水書)에는 전한다.

4　표류복멸(漂流覆滅) : 사람이나 배 따위가 물 위에 떠서 정처 없이 흘러 단체, 세력 따위가 아주 결단이 나서 없어진다는 뜻이다.

터를 정하여 서애 유성룡 등 명상이 나오게 되어 지금도 하회유씨로 알려져 있다.

어떤 집터이기에 권력자를 낳고 동시에 불행한 자를 나오게 하는 것일까? 땅이 니체를 천재로 만들었으나 동시에 그로 하여금 미쳐 죽게 했던 것처럼! 산능선이 평지와 만나는 부분은 기가 더 이상 나아가지 못하고 멈추기 때문에 강력한 기운이 응결된 곳이다.

역대 대통령의 생가에서 보이는 공통점이다. 태어날 때 넉넉하지 못하게 살았던 박정희, 전두환, 노태우, 김대중의 집터는 마을 변방이다. 마을 전체에서 볼 때 마을을 감싸주는 테두리인 청룡이나 백호에 해당되는 갓집이다. 울타리 구실을 하는 곳으로 동네 중심부와 외부 세계의 경계다. 동네 중심부를 부러워하여 안으로 들어가려 하고, 다른 한편으로는 외부 세계와 접경지에서 불안한 마음으로 바깥세상을 넘보지 않을 수 없다. 전, 김 대통령의 생가는 이런 특징을 잘 드러낸다.

김 대통령 생가는 산으로 감쌌으나 언뜻언뜻 바다가 보인다. 바다가 훔쳐보고 있다는 느낌을 지울 수 없다. 육지와 바다의 접경지이기 때문이다. 파란만장한 정치인의 흔적을 엿보는 듯하다. 김 대통령 가족이 목포로 떠난 후 집터가 밭으로 변해버린 것도 이 땅의 성격 때문이다.

전 대통령 가족이 왜정시대에 가족이 만주로 떠나 해방 후에 고향으로 돌아오지 않고 대구에 정착했던 것도 마찬가지 이유다. 박 대통령과 노 대통령의 생가는 산능선 끝에 있으면서 동시에 동네 끝집이다. 산과 마을의 접경지다. 불안하기는 마찬가지다. 고향을 떠나지 않을 수 없다.

노 대통령 가족의 경우 집을 떠나지 않았다 할지라도 그 당시 흔하지 않던 교통사고로 아버지가 사망하는 희생을 치렀다. 박 대통령의 여러 형제가 사고와 고난을 겪었다.

(4) 정신병 생길 땅

유난옥(柳蘭玉)이 풍산(豊山) 상리(上里)에 살았다. 명사(明師)에게 명당터를 원하니 삼대적덕 뒤에 길지를 얻을 수 있다 하여 큰길가에 관가정(觀稼亭)을 짓고 무시로 적선을 베풀었다. 삼대적덕 후 하회마을에 정착한다. 연화부수(蓮花浮水) 중심에 집을 지어 정기를 고스란히 다 받는다.

유종혜(柳從惠)가 집을 짓다 보면 자꾸 허물어지니 참으로 이상하였다. 지나던 갈처사(葛處士)가 이 땅을 차지할 때가 아니다. 앞으로 3년간 적덕하여야 한다고 하였다. 이에 유종혜는 적덕 3년 후에 지금의 양진당 사랑채 일부를 지었다 한다. 안동김씨 집성촌이 의성군 점곡면에 정승이 셋이나 날 명당에서 태어나서 유씨집에 시집온 며느리가 꿈을 꾼다.

양효행인다적선(養孝行仁多積善)

여경지가필유득(餘慶之家必有得)

효도로 조상을 봉양하고 어진 덕을 행하여 많은 덕을 쌓으면 필히 명당 길지를 얻느니라.

동네 변두리에 자리한 역대 대통령 집터가 동네 왼쪽 산능선 끝에 자리함이 공통점이다. 산능선은 동네 중심부를 감싸는 방어 공간이다. 동네 중심부와 바깥세상의 접경지다. 산능선이라 지기가 흐르는 곳이지만 환경에서는 변두리 산능선을 좋은 땅으로 여기지 않는다. 주변 여건이 좋지 않으면 정신병이나 재앙을 당하는 곳이기 때문이다. 실제 변방의 집터는 정신병이나 뜻밖의 불행으로 죽은 사람들이 있다. 셋째형 상의씨가 좌, 우익의 대립 속에서 총살당했고, 넷째형 한생씨는 정신병으로 죽었다. 큰형인 동희씨는 20년 이상 가출했다. 집터의 기운이 영향을 주었다.

전두환의 경우도 마찬가지다. 황강에서 북악까지에 큰형 열환이 7살 때 동네 아이들 장난에 죽임을 당했다고 적혀 있는데, 그가 정신질환 증세를 보였음을 암시한다.

변두리 집터에서 정신병만 나오는 것은 아니다. 이름 모를 병이나 뜻밖의 사고로 죽는다. 역대 대통령의 가족을 보면 교통사고로 죽거나, 떨어져 죽거나, 병들어 죽은 가족이 있었다. 이런 집터는 폐가가 되거나 오래 살 수 없다. 보통의 사람들은 기를 감당하기 힘들기 때문이다.

부잣집 아들로 태어난 윤 대통령이나 김 대통령의 경우는 전혀 문제가 될 것이 없다. 마을에서 가장 좋은 터인 동시에 마을의 중심부에 집터가 있기 때문이다. 윤 대통령과 김 대통령 생가에는 지금도 사람이 살고 있다. 박, 전, 노, 김 대통령 생가는 생활하지 않음도 하나의 반증이라 할 수 있다.

(5) 권력과 맞는 땅

■ 락용(落龍)

청룡이 구름으로 올라가다가 땅으로 떨어지는 꿈을 꾸고 아들 락룡(落龍)을 임신하였으나 어려서 죽었다.

時人愛此花假穴
시인애차화가혈

葬後錢財湯潑雪
장후전재탕발설

요즘 사람들은 흉지를 잘못 명당으로 착각하여 꽃처럼 사랑하여 장사 지내면 펄펄 끓는 물에 눈을 뿌리면 녹아 없어지듯이 부귀영화가 사라진다.

■ 운용(雲龍)

청룡이 구름 속에서 노는 꿈을 꾸고 아들을 임신하여 운용(雲龍)이라 했다. 운용은 벼슬하지 않고 가문을 지켰다.

養孝行人多積善
양효행인다적선

餘慶之家必有得
여경지가필유득

효도로 조상을 봉양하고 어진 덕을 행하여 많은 덕을 쌓으면 필히 명당 길지를 얻느니라.

■ 성룡(成龍)

청룡이 구름을 뚫고 하늘 높이 올라가는 꿈을 꾸고 임신하였다. 직감적으로 귀인이 되리라 느끼고 삼정승(三政丞)이 난다는 안동김씨(安東金氏) 집 명당(明堂)에서 아들을 낳으려고 만삭의 몸을 이끌고 친정집으로 갔다. 그러나 친정아버님의 지엄한 분부로 외손 발복을 줄 수 없다 하여 시집간 딸을 내몰아버린다. 쫓겨나오면서부터 산통이 오기 시작했다. 얼마 가지 못하여 산통이 매우 극심하여 숨이 넘어가듯이 자지러진다. 친정 집터가 명당이라면 지기(地氣)가 여기까지 뻗쳐 있을 것이라 생각하고 아이를 낳다가 죽더라도 여기서 해산하리라 마음을 굳게 먹고 길가에 있는 나뭇가지를 휘어잡고 용쓰고 낳은 아이가 성룡(成龍)이다.

양택(陽宅)은 땅이 단단하고 경사가 급하지 않아야 하고, 하루 종일 햇빛을 받고, 물이 많아 쉽게 구할 수 있어야 하고, 겨울 설한풍을 막아주고, 배수도 원활하여 편안하고 상쾌해야 하고, 자연을 거역하지 말아야 한다. 주변의 산 형상, 건물의 기능, 성격, 배치를 잘 살펴야 한다.

背山臨水 健康長壽
배산임수 건강장수

前低後高 世出英豪
전저후고 세출영호

前窄後寬 富貴如山
전착후관 부귀여산

背山臨水(배산임수) 健康長壽(건강장수)

산을 등지고 낮은 곳을 향하라는 뜻이다. 높은 언덕은 피하고 언덕 아래를 선택하면 길(吉)하다, 보국(保局)된 택지의 안정을 찾아 천지기(天地氣)의 조화된 정기(精氣)로서 가족의 부귀영화, 건강, 수명장수가 약속되는 길(吉)한 배치라는 것이다.

前低後高(전저후고) 世出英豪(세출영호)

내당(內堂)의 주 건물은 높이 위치하고, 정원과 행랑채는 낮아야 하는 것이 전저후고(前低後高)다. 비산비야(非山非野)에서 하당건물(下堂建物)과 담이 주 건물을 보호하도록 설계하여 지으면 후세에 영웅호걸 출세를 하는 택지라는 것이다.

前窄後寬(전착후관) 富貴如山(부귀여산)

출입(出入)하는 곳이 좁으면서 정원(庭園)에 들어서면 건물(建物)에 비하여 정원(庭園)이 너그러이 안정(安定)감이 들어야 후관(後寬)이다. 공기 조화의 정기에 뜻을 둔 것이며, 지면은 네모 반듯해야 길(吉)하다. 풍수 명당을 말한다. 과업을 완수하기 위해서 땅을 선택할 때 한 번 실수는 영원히 돌이킬 수 없는 재기불능 상태가 될 수 있으며, 땅의 선정에 성공하면 소기의 목적을 이룰 수 있다. 1997년 대통령 선거 전에 오랜 세월 자신의 정치무대였던 동교동에서 일산으로 이사하였다. 동교동 저택에서는 대통령이 될 수 없다는 명사의 말을 따랐을 것이다. 대통령이 되고 나서 집을 팔았다. 퇴임 후에는 다시 동교동 옛집으로 돌아갔다. 일산집은 거주하려는 실질적 목적보다는 환경(環境) 도참설에 의한 것으로 해석할 수 있다.

■ 조조와 환경론

이러한 선서 선략은 새로운 것이 아니다. 1,800년 전 중국에서 조조(曹操)가 활용한 수법이다. 후한이 몰락할 즈음 조조, 유비, 손권, 원수, 제갈공명, 주유 등 쟁쟁한 영웅들이 쏟아져나왔다. 이때 후한의 왕립(王立)은 마지막 황제인 헌제(獻帝)에게 아뢰기를 천문오행의 이치로 볼 때 지덕(地德)을 갖고 태어난 사람이 오행토(五行土)에 해당되는 지역에서 천자가 날 것이니 대비하라는 글을 올린다. 흙의 덕성을 갖고 있었던 군벌 가운데 하나가 조조(曹操)였다. 왕립을 협박하여 떠벌리지 못하게 한다. 흙의 방위인 허창(許昌)에 한나라 도읍지를 옮기고, 자신의 세력 기반을 다져 마침내 위왕(魏王)이 되었고, 아들대에 이르러 천자가 나왔다.

고려 때 묘청과 신돈의 서경천도설, 조선 광해군의 교하(파주군 교하면) 천도 계획 역시 목적을 달성하기 위한 환경도참 사상이다. 사람마다 성격과 지향하는 바가 다르듯이 땅도 성격이 다르다. 특정한 땅과 특정한 사람이 만나면 성공하지만 서로 맞지 않으면 실패한다.

2. 제왕혈(帝王穴)

(1) 암장[5] 대통령

탈신공 개천명(奪神功 改天命)의 논리로 산천의 좋은 기운으로 신의 능력을 훔쳐서 나의 운명을 바꾸어 정권에 도달한 역대 권력자가 엄연히 존재한다. 천자지지(天子之地)의 대명당 발복의 결과다. 그래서 명당을 써서,

탈신공(奪神功) 개천명(改天命)
군자는 神이 할 일을 빼앗아 행함으로써 천명을 바꿀 수 있다.

---

5 암장 : 산소를 쓰자마자 복 받는 일이 생기는 것을 인시하장(寅時下葬) 묘시발복(卯時發福), 새벽에 묘를 쓰고 동이 틀 때 복을 받는다는 뜻이다.

진인사(盡人事) 대천명(待天命)
사람이 할 수 있는 일을 다 하고서 하늘의 뜻을 기다려야 한다.

아무리 훌륭한 명사(明師)라도 임자가 아니면 저절로 눈이 가려서 혈심(血心)을 찾지 못하게 된다. 대명혈은 덕을 많이 쌓고 효심이 깊으면 자연 인연 따라 하늘이 사람을 시켜 인도한다. 조선 말 안동김씨가 세도를 부릴 때, 당시 왕족들은 그들의 권세에 목숨을 부지하기 힘든 시절이었다. 그리고 안동김문의 세도가들은 강화도령인 철종을 허수아비 왕으로 만들고 국정을 쥐락펴락하면서 자신들의 눈에 거슬리는 똑똑한 왕손들은 사전에 죄를 씌어 귀양을 보내거나 사약을 먹이던 막강권력 시절이었다. 당시 대원군 이하응도 이들의 눈치에 죽은 척하며 파락호 생활로 자신의 속내를 감추고 살던 시기이다.

하지만 대원군은 왕실의 권위를 되찾기 위해 당대 최고의 술사인 정만인(鄭萬人)이라는 풍수 대가를 찾아가서 명당을 구해달라고 간청한다. 대원군은 정만인의 입을 통해 "예산 가야산에 만대영화를 누릴 자리와 2대 천자를 낳을 자리가 있는데 어느 쪽을 택하겠습니까?" 하자 대원군은 일말의 지체도 없이 천자자리를 원한다고 했다. 그 자리는 충남 예산군 덕산면 상가리의 가야산 자락인데 이곳은 본래 가야사란 절이 있던 자리이다. 어느 날 원인 모를 불이 나서 절터가 사라지고 대원군은 아버지 남연군의 묘를 경기도 연천에서 충남 덕산으로 몇 날 며칠을 상여꾼을 바꿔가며 이장했다.

대원군은 부친 남연군(南延君)의 묘를 이장하고 3년 뒤인 1852년에 둘째 아들을 낳았으며, 11년 후 1863년에 철종이 승하하자, 왕위를 이을 후손이 없어 안동김문에서는 기생집에서 난초나 그리며 여인과 술에 묻혀 사는 이하응을 권력에 뜻이 없는 파락호(破落戶)로 보고 12살 된 그의 둘째아들 명복을 임금의 자리에 앉힌다. 이가 조선의 26대 임금 고종이며, 그의 아들은 27대 순종 황제가 되어 정만인의 예언대로 조선 최초로 2대에 걸쳐 천자가 탄생하였다.

■ 구월산 대통령

대한민국 초대대통령 이 대통령은 전해지는 말에 조부모 묘를 제왕 날 자리에 암장(暗葬)했다. 아무에게도 알려주지 않아서 실묘되었다고 한다.

■ 보은혈 대통령(報恩穴 대통령)

2대 대통령인 윤 대통령의 조상은 고향과 서울에 교회를 세웠을 정도로 독실한 기독교 집안이지만 환경(環境, Environment)의 은총을 가득 받은 집안이다. 윤 대통령 조상묘가 명당이라는 사실은 알려져 있다.

5대조가 굶주림에 쓰러진 스님 한 분을 구해주었다. 생명의 은인인 윤 대통령 5대조에게 스님은 보은으로 산소자리를 물색해주었다. 윤 대통령 선영이자 윤 대통령 무덤이 있는 자리다. 그 땅은 사패지지(賜牌之地, 고려와 조선시대 임금이 내려준 논밭)로 이순신 장군에게 하사한 곳이었다.

윤보선 4대조는 그의 아버지가 죽자 이순신 장군 땅에 암장하였다. 기독교도이며 환경(環境)에 문외한인 공덕귀 여사조차 그 땅이 좋아 보인다고 칭찬하는 자리다. 그런 까닭인지 윤보선은 환경(環境)을 맹신하였다. 윤보선이 1990년 서거했을 때 국립묘지에 안장되지 않고 충남 아산군 음봉면 동천 선영에 안장되었다. 생전에 자신이 죽어 묻힐 자리를 만들어놓고 즐겨 찾았다. 공덕귀 여사 자서전에 다음과 같이 적고 있다. 해위를 모신 곳은 생전에 해위가 5대조 산소에서 별로 높지 않은 뒷산을 사서 조성해놓은 곳이다.

해위는 한식과 추석 외에도 이곳에 오면 자신의 신후지지(身後之地) 살아있을 때에 미리 잡아둔 묘자리까지 올라가 풀도 뽑고 멀리 서해바다 쪽을 바라보거나 그림같이 병풍처럼 둘러있는 산들을 바라보고, "아! 우리 별장 참 좋다."며 좋아라 했다.

윤 대통령이 국립묘지에 안장되지 않고 선영으로 간 까닭을 시인 김소월의 노래처럼 조상님 뼈가 묻힌 곳이기 때문이라 말할지도 모른다. 그러나 여러 정황을 보건대 명당에 묻히고 싶은 소망에서였다.

윤보선은 자신이 명당에 묻힌 이후 "이곳에 누구든지 다시는 묘를 쓰지 못한다."라고 유서에 못 박아놓을 정도였다. 선영의 아름다움이 손상됨을 두려워함이다. 윤 대통령 산소와 5대조 윤득실의 무덤 사이에 아늑한 공간으로 남아있고, 조경수가 십자가 형태로 심어져 있다. 누구든지 묻히고자 탐낼 자리인데 나무를 심어 아무도 쓰지 못하게 함이다. 선영의 아름다움이 망가지는 것을 꺼려서일까? 환경을 신봉하는 관점에서 보면 지기의 손실을 막자는 의도일 것이다.

■ 암석잉 대통령(岩石孕 대통령)

암장하여 후손이 대통령이 된 것은 윤보선 집안만이 아니라 전 대통령 조상도 마찬가지다. 전 대통령 생가인 경남 합천군 율곡면 내천마을 뒷산 정상에는 희귀한 연못이 하나 있다. 마을 사람들은 이 연못을 '못재'라 부르는데 백두산 천지의 축소판처럼 신성시한다. 아무리 가뭄이 들어도 이곳은 마르지 않는다.

전국적으로 심한 가뭄이 들어 산불이 매일 나다시피 할 때도 산꼭대기에 있는 못재만은 물이 마르지 않은 것을 보고 신비로움에 넋을 놓는다. 전 대통령 조상으로 기사관 벼슬을 지낸 전치원(全致遠)은 연못의 신비함을 보고 내천으로 터를 옮겼다.

못재 위에는 전인(1504년생 종사랑 벼슬)의 묘소가 있는데 전씨 문중뿐만 아니라 인근 사람들에게 천하의 명당으로 알려져 있다. 전인(全絪)의 후손 전영희(합천군 쌍책면 거주)는 명당의 발복으로 자손이 크게 번창하여 현재 약 1,500여 호가 합천 일대에 살고 있다고 한다. 전인의 무덤 주변은 자연석으로 둘러쳐져 "게의 눈처럼 생겼다." 해서 해목혈(蟹目穴)로 분류하는 괴혈(기괴하고 이상한 곳에 혈을 맺는 걸 말한다)이다.

완산전씨 특히 전인(全絪)의 후손에겐 이곳은 명당성역이다. 전 대통령은 완산전씨이지만 전인의 후손은 아니다. 전인(全絪)의 형님 후손이다. 400여 년 전에 파가 갈린다.

전인(全絪)의 무덤에서 불과 몇 미디 안 되는 곳에 전 대통령 할아버지 전영수(全永洙, 1867~1936)의 무덤이 있다. 6남 1녀를 둔 전영수가 다른 파 문중의 성역에 안장된 것이 이상하다. 비록 환경(環境)에 대한 지대한 관심과 노력이 있었다 할지라도 남의 시조격이 되는 무덤 근처에 쓰기란 상식적으로 불가능하다.

전인(全絪)의 후손들이 전 대통령에 좋은 감정을 가질 리가 없다. 대통령 자리를 빼앗아 갔다고 믿기 때문이다. 막내 삼촌인 전상희(全相熙)가 역학과 환경(環境)에 능해 해방 후에 그곳에 썼다. 밀장(密葬, 무덤의 소재를 남이 알지 못하게 시신을 묻음)하였다가 이장하였다.

조부의 사망 연대가 1936년으로 기록된 것으로 보아 사망 10여 년 후에 현재의 못재 부근으로 암장한 것이다. 암장하였다가 군인으로 출세하면서 봉분도 제대로 조성한 것이다. 일설에 따르면 대통령이 되고 나서야 비로소 번듯하게 할아버지 묘를 조성했다고 한다. 암장을 합법화한 셈이다.

전영수의 무덤은 뭇산들이 두 손을 맞잡고 절하며 여덟 개의 시내가 굽이 돌아 율곡의 명당을 형성한 곳이다. 무덤 1~2미터 뒤에는 바위가 있는데 이것은 암석잉돌뇌두(岩石孕突腦頭) 바위로 권력을 휘두를 수 있는 후손이 나온다 하여 귀하게 여긴다. 민간에선 복을 가져다 준다 하여 복바위라고 한다.

무덤을 잘 써서 장군도 되고 대통령이 되었을까? 남의 문중에서 성역시하는 곳에 목숨을 걸고 암장한 이유는 무엇일까? 후대의 신분 상승을 위해서 당대의 희생은 기꺼이 감당할 만한 가치가 있는 것으로 인식되어 명당을 구하기 위해서 노력을 아끼지 않는다.

조상의 번영은 후손의 번영으로 지속될 때 비로소 의미가 있다. 천민 조상의 고생과 절망은 후손의 신분 상승으로 완전히 만회될 수 있다고 믿었기 때문이다. 좋은 자리에 할아버지 묘를 암장하고 손자가 대통령이 되었으니 당연히 환경(環境)의 발복을 믿지 않을 수 없다. 환경(環境) 정서의 단적인 표현으로 다음의 것들이 있다.

"흙무더기 하나만 잘해놓으면 부귀영화한데이!"
"요즘 아이들은 납골당에 넣어놓고 성묘도 안 한데이!"
"양반은 산비탈을 기어가서라도 벌초를 한데이!"

(2) 만사형통 대통령

부친을 불당골에 모셨는데 군대에서 일이 제대로 되는 일이 없었다. 명사(明師)에게 물어보니 물이 찼다 하기에 송정동에 산을 구한 뒤 묘를 파보니 물이 가득하다.

"내가 보았어."
"이장 후 진급과 일이 잘 풀렸어."
"산등에 묘지를 써도 물이 차더라."
"환경(環境, Environment)이 정말 있긴 있어."

40년 전에 이장하였다. 그 후부터 노 대통령은 승승장구 많은 운이 따랐다. 노 대통령이 군에서 일이 안 풀린 때가 언제일까? 노 대통령 전기를 보면 1962년 소령에 진급하였고, 1968년에 중령으로 진급한다. 자신도 중령 진급 후 월남전에 참가하여 많은 무공을 세운 뒤 진급이 순조로웠다고 말한다. 1971년 연대장, 1974년에 대망의 장군이 되었다는 대목을 보면 1962년에서 1968년 사이 6년간 소령으로 머물렀던 때가 안 풀린 때인 듯하다.

아버지 노병수(盧秉壽), 어머니 김태향(金泰香) 묘(墓) 건좌손향(乾坐巽向, 묏자리나 집터 따위가 북서쪽을 등지고 남동쪽을 바라보는 방향).

임자래용,
무덤 뒤 바윗돌로 래맥 형성.

우측에 일자문성,
무덤은 가운데 맨 끝에 위치, 함께 어울려 사는 원만한 성격을 들어내 보인다.

좌향도 제대로 맥 따라 썼고, 좌청룡이 겹겹이 둘러쳐져 있다. 수구에는 독봉(獨峯)이 우뚝 막아주어 돈도 있겠다. 주변 산들이 토성과 금성으로 일이 안 풀리자 절박한 심정으로 이장하였고, 이장 후에 일이 잘 풀렸다고 믿고 있다는 사실이다.

(3) 장군폐검 대통령(將軍佩劍 대통령)

　역대 대통령 가운데 김 대통령만이 환경(環境, Environment)에서 자유로운 것처럼 보인다. 대통령뿐만 아니라 국회의원이나 대권을 꿈꾸는 많은 정치인들이 꿈을 이루기 위하여 조상의 무덤을 옮기거나 환경(環境)에 관심을 보인 것과 대조적으로 김 대통령의 정치 인생에서 환경(環境) 따라 이장하거나 이사한 흔적이 없기 때문이다.
　할아버지, 할머니, 어머니가 집사요, 장로인 아버지와 자신이 독실한 기독교 가문이다. 그러나 환경(環境, Environment)과 무관한 것은 아니다. 집터가 동네 중심부에 자리함은 원래 부자였기 때문에 최적의 입지를 선택하였고, 조부모, 어머니 묘를 답사하면 환경(環境)의 냄새가 물씬 풍김을 쉽사리 알 수 있다. 전통적 장례 관행에 의한 터 잡기에서 재력 있는 집안이니, 선택 범위가 넓어 좋은 곳을 차지했을 것임은 당연하다.
　조부모 무덤과 어머니 무덤을 조금이나마 환경(環境, Environment)적 안목을 가진 사람이 보면 무덤에서 야심을 읽을 수 있다. 1954년 국회의원에 당선된 후 할아버지(1954), 할머니(1959), 어머니(1960) 등이 돌아가셨을 때 외아들이자 국회의원이라 집안일에 영향력을 행사할 수 있는 위치다.
　조부모와 어머니 묘지가 환경(環境)적 야심을 보여주는 것은 동일하지만 장지 선정에 전혀 다른 부류의 명사들이 관여한 듯하다. 조부모는 시골 지관들이 선호하는 사(砂)를 중시하여 잡았다면, 어머니는 전문 명사에 의해서 소점(所點)된 것으로 보인다.

조부모의 묘의 특징은 장군이 칼을 차고 있는 형국으로 장군패검형(將軍佩劍形)의 명당이다. 동네 사람들이 봉바위로 부르는 무덤 뒤의 높은 산은 투구 모양이다. 무덤을 감싸는 우측 능선은 칼 같고, 좌전방에 말안장 같은 산 모습은 천마(天馬)와 같다. 전반적으로 기운이 왕성하여 아랫사람을 많이 거느리는 형상이다.

(4) 금계포란 대통령(金鷄抱卵 대통령)

불리한 일이 있거나 무엇인가 문제를 일으킬 때마다 달려가는 어머니 무덤 역시 고향마을 앞산에 있다. 제왕지지로 손색이 없다. 역대 대통령의 선영과 생가에서 볼 수 있는 산의 형세다. 주산에서 무덤이 있는 혈장으로 이어지는 산능선은 꿈틀거리듯 힘이 있다. 이곳 주민들도 좋은 자리라 한다. 암탉이 병아리를 품고 있는 형상이다. 금닭이 알을 품고 있는 형상인 금계포란형이 와전된 듯하다. 닭은 새벽과 새로운 세상을 알리며 신라 김알지 신화처럼 닭은 나라를 통치할 인물의 탄생을 예언한다.

무덤 바로 앞은 가파르게 푸르고 맑은 남해 바닷속으로 이어진다. 신령스런 거북이가 바다로 들어가는 영구입해형(靈龜入海形)이다. 거북이는 하늘의 뜻을 점치는 신령스러운 동물로 알려져 왔고, 가야의 구지가(龜旨歌, 가락국의 추장들이 김수로왕을 맞이하기 위해 불렀다는 고대 가요)처럼 새로운 임금의 출현을 예시하는 것이기도 하다.

역대 대통령은 조상이 환경(環境, Environment) 관념을 갖고 좋은 자리를 찾아 무덤을 쓰거나 옮긴 것은 사실이다. 생가는 환경(環境)에서 말하는 좋은 터의 입지 조건에 부합하는 일정한 공통점이 있다. 역대 대통령뿐만 아니라 현재 대권을 꿈꾸는 일부 정치인의 생가도 산능선의 끝집에 해당하나 기운을 감당하지 못해 가족 중에 누군가 사고를 당하거나 생가에서 떨어져 사는 등의 이력을 답사를 통해 확인할 수 있다.

(5) 혁명 대통령

할머니 묘지는 전국의 환경(環境)가들이 한결같이 제왕지지임을 부정하지 않는다. 혁명에 성공할 수 있는 전형적인 60년 발복지다. 무덤 뒤로 이어지는 산능선이 막강할 뿐 아니라 무덤 앞에 2미터 높이 바위는 기의 흐름을 거스르는 역룡(逆龍) 때문에 하극상으로 대권을 장악할 수 있다.

1946년 좌우익의 대립 속에서 좌익으로 몰려 죽임을 당했던 박상희의 환경적 혹은 권력에 대한 야망을 읽을 수 있는 부분이다. 권력 의지를 박상희에게 실현시켜 주지 않고 동생을 통해 야망을 실현시킨 것이다.

(6) 권력지향(權力指向)

역대 대통령의 생가를 살펴볼 때 생가만이 권력 지향적이었던 것은 아니다. 거기에 살았던 사람도 권력 지향적이었던 것이다. 권력 지향적이었음을 보여주는 방법은 다양한 묘지를 살피는 것이 그들의 권력관을 엿볼 수 있다.

1846년 고종의 아버지 홍선대원군 이하응은 정만인(鄭萬仁)의 도움을 얻어 경기도 연천에 있던 아버지 묘를 2대 천자 나올 자리를 택해서 이장한다. 그로부터 7년 뒤인 1853년에 둘째아들 명복(命福)이 태어나고, 명복이 12살 되던 해인 1863년에 고종 임금이 된다. 그 후 임금에서 황제로 즉위한다. 고종과 순종이 황제가 되었으니 예언된 환경설(環境設)이 그대로 실현된 셈이다.

그로부터 150여 년 후인 1995년 김 대통령은 경기도 용인군 이동면에 아버지와 어머니 묘지를 이장한다. 2년 후인 1997년 대통령으로 당선된다. 거기에 멈추지 않고 부모의 산소 아래에 자신이 묻힐 신후지지(身後之地, 살아있을 때에 미리 잡아둔 묏자리)까지 마련해놓았다.

1846년과 1995년 사이 150년 세월에 왕조가 바뀌고 사회경제 체제가 바뀌었지만 환경설(環境設, Environment)만은 바뀐 것이 없다. 홍선군도 아버지 묘를 천자가 나올 자리에 이장해서 아들로 하여금 왕이 되게 하였고, 김대중도 아버지 묘를 이장하고 대통령이 되었다. 역대 대통령의 환경(環境, Environment) 관련 사안들을 살펴보면 모두 환경(環境)에 자유롭지 못하다.

3. 제왕과 환경(帝王과 環境)

대개 권력을 장악하는 이들은 환경(環境)을 활용하여 권력 장악의 필연성을 정당화시켜 나간다.

"천명(天命)이 바뀌었다!"

"구국을 위한 역사적 결단이다!"

이러한 구호에 환경(環境, Environment)을 요긴하게 활용한다. 조상의 무덤이나 생가가 제왕이 나올 땅이라면 백성과 국민에게 먹혀들어 간다. 권력을 획득한 이에게만 활용되는 것이 아니다! 우리 시대 부정과 불의로 엄청난 부를 획득한 이에게도 적용된다.

거부(巨富)가 나올 자리에 조상의 무덤이 있거나 복가에서 태어났다는 이야기를 들으면 정당성 여부를 떠나 심리적으로 그러면 그렇지 하고 동의한다. 환경(環境, Environment)이 갖는 또 다른 이유가 있다.

환경(環境)의 핵심 이론인 동기감응론(同氣感應論)[6]이 갖는 선동성, 신비성, 혁명성이 큰 원인으로 작용한다.

인간과 자연, 산 사람과 죽은 사람이 어우러지는 천지 간에 일정한 기가 충만하다. 인간과 자연이 감응하고 산 사람과 죽은 사람이 감응함이 동기감응 논리다. 서로 유사성이 강할 때 동기가 가까울수록 더욱 쉽게 빨리 감응한다.

환경(環境, Environment)의 동기감응(同氣感應)은 신의 능력을 빼앗을 수 있으며, 하늘이 부여한 운명을 고칠 수 있다는 가탈신공(可奪神功) 가개천명(可改天命) 사고를 동아시아 민족의 집단 무의식 속에 심어놓았다. 자신의 운명뿐만 아니라 집단의 운명을 고칠 수 있다는 탈신공(奪神功) 개천명(改天命) 사상을 환경(環境, Environment)이 대변해온 것이다.

환경(環境, Environment)은 개인뿐 아니라 가문을 흥하게 할 수 있으며, 한 나라를 세울 수 있다는 이론적 틀을 제공하기 때문에 대중성, 전통성, 신비성을 확보한다.

운명을 거부하는 적극적 사고방식은 동아시아 고유의 사고관념으로 야기되는 하늘을 따르는 자는 흥(興)하고, 하늘을 거스르는 자는 망(亡)한다는 순천자흥(順天者興) 역천자망(逆天者亡)이라는 운명론이 줄 수 있는 절망감에 한 줄기 희망이 된다. 순천사상(順天思想)과 역천사상(逆天思想)은 지금까지 서로의 영역을 침범하지 않은 채 공존하고

6 　동기감응론(同氣感應論) : 속을 떠다니던 에너지 파장, 즉 기가 동종의 기를 만나서 서로 감응을 일으키는 것을 동기감응론이라 한다.

있다.

암장(暗葬)으로 대권(大權)을 쟁취한 윤보선, 박정희, 전두환과 이장으로 출세한 노태우, 김대중 등이 있다. 윤보선, 박정희, 노태우, 김영삼, 김대중 대통령의 생가와 선영을 천신지정(天神地精)인 환경론(環境論, Environment)의 결과를 보아 역대 대통령 모두 산능선의 끝집에서 태어났고, 주위에 환경(環境, Environment)에 해박한 사람이 있었다.

권력자들이 추구하는 권력 지향적인 땅이란 어떤 것일까? 신은 죽었다고 사망 선고를 내린 철학자 니체는 내가 똑똑한 요인 가운데 하나로 장소와 풍토인 환경(環境, Environment)적 조건을 언급하였다. 모든 힘을 쏟아부어 대업을 이루어야 할 사람은 누구나 선택에 제한되지 않을 수 없다. 풍토가 끼치는 영향인 부정적, 긍정적인 영향은 지대하다. 장소와 풍토 선택에 한 번 실수하면 목적을 완수할 수 없으며, 기회조차 갖지 못할 수도 있다.

니체는 천재가 나올 땅의 조건으로 맑은 공기, 청명한 하늘, 산천정기(山川精氣)인 에너지를 끊임없이 얻을 수 있는 곳을 언급하였다. 니체가 말한 천재가 나올 수 있는 자리 조건을 염두에 두면 역대 대통령의 땅은 맞지 않는다. 정치인이나 권력자는 니체 같은 천재나 사상가가 아니기 때문이다. 정치인은 권력에 대한 의지가 강하다. 니체의 논리에 따르자면 그들의 생가는 권력에 대한 욕구를 충족시켜 줄 수 있는 땅이어야 한다.

과연 집터의 기운은 있으며, 어떠한 영향을 끼치는가? 땅에 집 짓고 뼈를 묻으면 받게 되는 것이 지정기(地精氣)이다. 땅에는 좋고 나쁜 차이가 있게 마련이다.

지정기(地精氣)를 받아 태어날 때
맑고 탁하고,
현명하고 어리석고,
착하고 악하고,
귀하고 천하고,
부자가 되고 가난하고,
오래 살고 일찍 죽고 등의 차이가 없겠는가!

특정한 지기가 특정한 인체의 기와 만나 상생관계를 가질 때 발복함이 환경(環境, Environment)에서 말하는 인걸(人傑)은 지령(地靈)이다. 특정한 지정기(地精氣)를 받아 수십 년, 수백 년에 한 명씩 독특한 인물이 나올 수 있다.

반면에 특정한 지정기(地精氣)와 인기(人氣)가 만나 상극관계일 때 재앙(災殃)이 일어나기도 한다. 남녀가 다르고, 사람 동물이 다르고, 식물이 다르고, 생물 무생물이 다르고, 지구 우주가 다르다. 그러나 모든 것은 다른 눈으로 보면 무생물이든 생물이든 간에 원자로 이루어져 있다. 어떤 원자든 중심핵과 주위를 도는 전자로 이루어져 있지 않은 것은 없다, 크게 보면 태양은 중심핵이요, 주위를 돌고 있는 수성, 금성, 지구, 화성, 목성, 토성 등은 핵 주위를 돌고 있는 전자와 무엇이 다른가!

내가 너이고 네가 나이다. 우주 자연은 하나로 엉켜 돌아가는 유기체다. 웅장하고 거대한 한 그루의 나무가 줄기와 가지와 잎이 제가끔 다르게 보이지만 땅속에 묻혀서 보이지 않는 뿌리가 하나이듯이 천지인 우주 자연이 각각 별개같이 보이지만 자연도법으로 보면 한 몸과 같다.

혈심에 시신을 묻으면 자연히 땅의 정기에 영향을 미치니 비가 내리지 않는다. 비가 내리지 않기도 하고, 겨울에 번개 치고 우레소리 나고, 삼복더위에 우박이 내리거나 서리가 내리고, 지각변동으로 지진이 생기기도 하고, 땅속에서 불줄기가 뿜어 올라오기도 한다.

이런 현상은 천(天), 지(地), 인(人)이 하나라는 자연 이치로 운행되어 돌고 도는 생(生), 욕(浴), 대(帶), 록(祿), 왕(旺), 쇠(衰), 병(病), 사(死), 묘(墓), 절(絶), 태(胎), 양(養)의 회생 순환하는 자연 이치다.

천(天), 지(地), 인(人)의 자연 도법을 거역하여 신성한 천지의 순환 운행하는 조화를 깨트릴 수 있는 탈신공(奪神功) 개천명(改天命)하는 일부분의 결과다. 인간의 부귀영화, 장생빈천, 요절은 선천명(先天命)에 달렸다고 한다. 자연이 준 선천명(先天命)을 타고났으면 선천명(先天命)대로 살 수밖에 없다. 임금의 팔자로 태어났으면 임금으로 살다 가야 하고, 거지 팔자로 태어났으면 거지로 살다 가야 한다.

그러나 조선(朝鮮)의 태조 이성계(李成桂), 고종(高宗), 진시황제(秦始皇帝), 고려(高麗) 혜종(惠宗) 등은 조상의 왕후지지인 내길시에 모시고 명당 발복으로 나랏님에 등극하는 탈신공(奪神功) 개천명(改天命)하였다.

　우주 만물이 한 몸이라는 큰 도리를 깨달으면 자비심으로 옳은 생각으로 행동하게 된다. 내 몸에 상처 주면 아프다는 것을 깨달으면 천(天), 지(地), 인(人) 삼자가 하나이니 공명정대 평등한 세상을 이룰 것이다.

(1) 권력, 환경, 야합

　명당(明堂)을 통해 권력(權力)에 접근하려는 욕심은 고금(古今)을 통해 일반적인 일이다. 지금으로부터 약 1,400년 전 서기 600년 전후(前後)의 일이다. 수나라 때 소길(蕭吉)이란 학자가 있었다. 박학다식하여 음양오행(陰陽五行)과 환경(環境, Environment)에 능했다. 성품이 고고하여 수나라 문제의 신임을 얻고 있었다. 수나라 문제의 부인 헌황후(獻皇后)가 죽자 황제는 소길로 하여금 장지를 잡게 하였다. 소길은 무산의 한 곳을 선택하면서 황제에게 말했다.

"이 자리는 2,000년 지지에 자자손손 200세 후손까지 보존하는 자리입니다."

　이에 황제는 이렇게 판찬을 주었다.

"길흉화복(吉凶禍福)이란 인간에 있지, 땅이 좋고 나쁨에 있지 않다. 이전 왕조들은 어찌 명당(明堂)을 고르지 않았겠느냐? 만약 우리 조상 무덤이 나빴다면 짐이 천자가 될 수 없었을 것이다. 더구나 좋았다면 내 동생이 전쟁에서 죽었겠는가?"

수나라 문제는 묘지와 길흉화복이 서로 관계없음을 말한 것이다. 수나라 문제의 다음 태도가 재미있다. 수나라 문제는 그렇게 말하고도 끝내는 소길의 말을 따랐을 뿐만 아니라 소길에게 큰 상을 내렸다. 역대 권력가들의 환경(環境)에 대한 이율배반적인 태도의 한 장면이다. 수나라 문제보다 좀 더 솔직한 사람은 둘째 아들이다. 어머니의 장지 선정에 소길의 관여함을 알고 그에게 접근하여 다음과 같이 말한다.

"내가 천자가 될 수 있도록 자리를 잡아주시오. 내가 천자가 되면 마땅히 그대를 부귀로 보답하겠소!"

둘째 왕자의 은밀한 부탁을 받은 소길은 황제에 오를 수 있는 명당을 잡아주며 4년 후에 황제가 된다고 말했다. 4년 후인 서기 604년 수나라 문제가 죽자 둘째 왕자가 수나라 양제이다. 양제는 소길의 공을 인정하여 태부소경의 벼슬을 주었다. 권력과 환경(環境, Environment)이 야합한 좋은 예이다.

■ 전란과 몰락

권력의 핵심으로 들어간 소길이 양소(楊素)의 무덤을 본 적이 있었다. 양소는 수양제가 황제로 등극하는 데 기여한 일등공신이어서 양소의 집안에 대해 수양제는 각별한 관심을 기울였다. 양소의 무덤을 본 소길은 황제에게 은밀히 "무덤이 흉해서 조만간 전란으로 집안이 몰락할 것 같으니 빨리 이장함이 좋겠습니다." 하니 양소의 아들이자 예부상서 벼슬을 하고 있던 양현감(楊玄鑑)을 불러 이장을 권했다. 하지만 양현감은 "고구려를 아직 평정하지 못했는데 어찌 사사로운 일에 신경을 쓰겠습니까!" 하고 이장을 하지 않았다. 양현감은 아버지 무덤을 명당이라 생각하였기 때문이다.

얼마 후 서기 613년 수나라 양제가 고구려를 정벌하는 사이에 양현감은 10만 대군으로 반란을 일으켰다. 반란 소식을 접한 수나라 양제가 전쟁을 중단하고 회군하여 반란을 진압하였다. 양현감과 일족은 소길의 예언대로 모두 죽임을 당했다. 소길의 예언이 적중한 것이다.

수나라 황실에서나,
고려 왕건이나,
조선 태조 이성계나,
대원군이나,
우리 시대 대통령 가문에도 환경(環境, Environment)을 이용함은 변함없다.

(2) 천불시지불수(天不貽地不受) 환경윤리

명당은 인간의 윤리를 무시한 사람도 부귀(富貴)하는가? 백성을 위해서라기보다는 자신의 야망과 부귀를 탐해서 백성에게 견딜 수 없는 고통과 슬픔을 안겨준 이가 많았기 때문이다. 만약 환경(環境, Environment)이 사악한 자들의 행위를 정당화시켜 준다면 비난받아야 한다. 환경(環境, Environment)의 윤리가 인간의 윤리와 다르지 않다. 인간과 환경(環境, Environment)이 상정하는 시간 개념이 다를 뿐이다.

환경(環境, Environment)은 땅이 주어진 것은 하나의 기회 부여이며 시작일 뿐이다. 잘하고 잘못함을 사법적 심판과 역사적 심판으로 미룰지라도 환경(環境, Environment)적 심판은 끝나지 않았음을 깨달아야 한다.

인간(人間)의 심판과 다르다. 더욱더 거대하고 잔인하다. 나쁜 짓을 하면 좋은 땅이라도 도리어 재앙을 부른다. 집안이 흥성하려면 반드시 조상 음덕과 선행을 두텁게 베풀면 보답은 당대에서 누리지 않지만 명당(明堂)을 구하게 되며, 자손(子孫)이 번창한다.

혈(穴)이란 덕(德) 있는 사람에게 묵계로 하늘이 주는 것이다. 후손들이 조상의 번창이 어디서 왔는지도 모르고 탐하여 교묘하게 취하고 농락하고 비정한 짓으로 땅을 찾는 데 급급함에 사사로움을 심고 이익을 엿보는 일단이 있다. 마음을 이와 같이 쓰면 하늘이 죄를 내려서 스스로 운명을 재촉함이 허다하다.

제왕을 지냈다고 좋아할 일이 아니다. 조상의 음덕과 하늘의 묵계로 제왕이 되었을지 모르지만, 제왕이 되는 동안이나 제왕이 된 후에 행한 덕행(德行)이나, 악행(惡行)이 있다면 후손이 화복(禍福)을 당함은 필연이다.

역대 제왕의 후손에서 징후가 나타난다. 하늘의 묵계는 완성이 아니고 진행이다. 지나친 악행에 대해서는 후손을 완전히 없앰으로 하늘은 자신의 일을 마무리한다는 것이 환경(環境)의 논리다. 나쁜 업보가 가득하면 하늘은 반드시 나쁜 땅으로 대응하는데 자손이 화(禍)를 입는 것은 바로 이러한 까닭이다.

天貽穴德!
천이혈덕!

地受骨德!
지수골덕!

天不貽穴!
천불이혈!

地不受穴!
지불수혈!

하늘은 덕(德) 있는 이에게 혈(穴)을 주고,

땅은 덕(德) 있는 이의 유골(遺骨)을 받아들인다.

하늘은 덕(德) 없는 사람에겐 혈(穴)을 주지도 않고,

땅 또한 덕(德) 없는 유골(遺骨)을 받아들이지 않는다.

땅은 거짓이 없고 용서도 없다.

하늘이 천복(天福)을 내리면 땅이 알아서 집행(執行)한다.

진혈천장지비(眞穴天藏地秘) 이대유덕지인(以待有德地人)

참된 혈은 하늘이 감추고 땅은 비밀로 하여 덕 있는 사람을 기다리고 있다. 혈은 누구나 구할 수 있는 것이 아니며, 효심과 덕을 많이 쌓는 사람만이 구할 수 있다. 충남 내포(內浦) 지구라 일러왔다. 당나라 양태진이란 도인이 당포에 와서 내포 산세를 돌아본 적이 있다고 한다.

과거 시험과목에 자연환경론(自然環境論, Environment)이 포함되어 삼척동자(三尺童子)도 알 만큼 국민 생활에 뿌리를 내렸다. 우리나라에 뿌리를 내린 자연환경론(Environment)이 일본에 건너가 양택(陽宅)에 널리 사용하였다. 삼국, 고려, 조선에 이르기까지 유가와 불가에 전하여 자자손손으로 수천 년 동안 만인의 관심사로 오늘날에 이르렀다.

제2장

환경유래
(環境由來)

　자연환경 사상은 고대문명 발상지인 중국의 황하유역에서 발달하였다. 중국은 예부터 치산치수로 안락한 생활을 하기 위하여 자연발생적으로 연구하게 되었다. 고금을 통하여 편리한 생활을 영위하기 위하여 살기 좋고 기름진 땅을 찾고 맑은 물을 찾아 세찬 바람을 피하여 살려는 마음은 예나 지금이나 마찬가지다. 현실적인 생활면에서 더욱 발전하여 정신적인 안락을 위하여 원시인이나 현대인도 자연환경(Environment)을 이용하였다.

　고서 문헌에 진나라 시대에 주선도가 삽산기를 저술하였다. 그 이론이 신통하여 진나라 황실에서 "일반에게 공개하지 말고 황실에만 적용하라."고 엄명을 내렸다. 이것이 청오경이다. 한나라에서는 장자방이 삽산기를 청낭정경이라 개술하여 "황실에만 사용하라."고 엄명을 내렸다. 진나라 시대에서 한나라로 이어오면서 더욱 발전하여 진나라 곽경순이 장서를 저술하여 후인이 이용하게 되었다.

당나라에 이르러 장서에 현종 연국공장설승홍사 승일행이 주석을 달아 금낭경이라 하였다. 금낭경의 비법이 너무나 신기하게 적중하여 황제가 비단주머니에 넣어 역대 황제에게 대대로 전수하여 물려받았으나 일반에 알려지지 않았다. 양균송의 제자였던 증문천이 주해를 달아 용수경인 청낭경을 저술하였다. 유청전이 옥척경과 용수경에 주해하여 파간로담을 만든 후부터 많은 자연환경 학자들이 나타나 일반에 널리 알려졌다.

고구려, 신라, 백제도 자연환경론(Environment)이 전파되어 후에 일반에게 알려졌다. 궁궐터, 성터, 군사 진지, 병법, 마을터, 집터, 묘지터에 대한 비결이 전수되었다. 반월성, 만월성도 자연환경론(Environment)에서 유래된 것이다. 삼국유사에 신라 석탈해왕이 초승달같이 생긴 명당택지에 살아서 신라 4대 임금이 되었고, 고구려 연개소문이 평양성을 개축하여 신월성을 만월성으로 고쳐 부르다가 멸망하였다. 백제도 공주 도성을 버리고 반월형인 부여로 천도함도 자연환경을 이용하였다. 이처럼 자연환경론(Environment)은 삼국시대부터 인간 생활과 밀접한 인연을 유지해왔음을 알 수 있다.

676년 통일신라시대에 원효대사, 자혜대사가 내외반을 상생법과 부부배합법을 사용하여 민간에 알려졌다. 국사실록에 신라 말엽 도선선사가 전라도 낭주 서지봉 북에 성기동 조엄에서 비범한 한 사람으로 태어났다. 최씨가 물에 떠내려오는 청고일과(고상하고 깨끗한 과일)를 먹고 임신하여 열 달 못 미처 낳았으나 애비가 없으니 어미의 성을 따라 최씨라 하였다. 도선은 탁월한 지혜로 국내는 물론 중국에서 자연환경론(Environment)을 터득하여 무불통치되었다.

국사정록 고려편에 도선선사가 용건에게 송악에 왕이 날 수 있는 집터를 잡아주었다. 용건이 아들을 낳아서 왕건이라 이름하여 918년 왕위에 오르니 고려의 왕도를 개경에 궁궐터를 소점하여 주고 도선국사로 등장하게 되었다. 전국의 명당지를 소점하여 비결지를 전했고, 자연환경서(Environment)를 저술하여 학문적으로 정립시켰다.

1135년 고려 중엽 묘청이 자연환경 이론 따라 개경을 버리고 서경으로 천도할 것을 주장하기도 하였다. 고려 말엽 라학천이 학문적인 체계를 세워서 자연환경론(Environment)이 더욱 확립되었다. 고려 11대 문종시대에 장완이라는 사람이 태사감후로 임명되었다. 20대 신종 때에 백관을 모아 산천 형세를 연구하게 하였다. 감여원기설 따라 지방관청을 짓고 도로를 내기도 하였다.

고려 초의 도선국사, 중엽의 묘청, 말엽의 라학천 명사, 나옹대사 등은 고려조에 자연환경사(史)에 중요한 인물로 그들이 저술한 환경론(Environment)이 전해오고 있다. 해동비록, 감여집, 산천비보도감, 지리론, 지가서가 저술되었다. 중국에서 들어온 금낭경, 청낭경, 청오경, 청오용경, 청오지리론, 주자답산가, 일행선사답산가 등이 전해오고 있다.

1392년 조선 태조 이성계가 국도를 충청도 계룡산하 신도안에 초석을 놓았다가 한양으로 변경한 사실도 있다. 한양 궁궐의 좌향도 정도전과 무학대사가 논쟁하여 자좌(子坐)로 정하면 유교가 왕성하고 건좌(乾坐)로 정하면 불교가 성한다는 세부적인 이해론까지 있었다. 유가(儒家)에선 정도전, 남사고, 박상의, 이지함, 맹사성, 윤참의, 이의신, 이호만, 안정복, 정두직, 채성우, 성유정 등 훌륭한 자연환경 학자가 태두하였다. 특히 맹사성은 자연환경학을 정하(임금과 신하가 모여 나라의 일을 의논하고 진행하는 곳)에 많이 이용하였다.

불가(佛家)에서는 무학대사, 서산대사, 사명대사, 성원대사, 성지대사, 일지대사, 일이대사, 보우대사, 진묵대사 등이 주축을 이루어 전국에 명당지를 선정하여 대사찰을 이룩하였다. 유가와 불가에서 자연환경론(Environment)이 성행하여 저술한 서적도 많았다. 무학비기, 지리비장, 지리보결, 지리대전, 지리연회, 지리전집촬요, 남사고비결, 서산대사비결, 사명대사비결, 성지대사비결, 풍수입문, 명당론, 풍수보감, 답산론, 명당비전, 풍수록, 풍수비전, 감여산록 등이 저술되었다. 중국은 지리정경, 지리전서, 지리정종, 지리오경, 직지원진, 지리신법, 지리지장, 지리일반주, 지리삼회집, 지리사탄자, 인자수지, 설심부, 탁옥부, 두사총비결, 음양이택전서 등이 들어왔다.

과거 시험과목에 자연환경론(自然環境論, Environment)이 포함되어 삼척동자(三尺童子)도 알 만큼 국민 생활에 뿌리를 내렸다. 우리나라에 뿌리를 내린 자연환경론(Environment)이 일본에 건너가 양택(陽宅)에 널리 사용하였다. 삼국, 고려, 조선에 이르기까지 유가와 불가에 전하여 자자손손으로 수천 년 동안 만인의 관심사로 오늘날에 이르렀다.

사람은 양기(陽氣)를 잘 받지 못하는 곳에는 살지 말라고 하였다. 그러므로 야세(野勢)가 넓어서 일월풍우(日月風雨)를 잘 받아야 질병도 없고 훌륭한 인품이 나온다고 하였으니 주의할 것은 높은 산이나 높은 건물로 둘러싸인 주택은 일조량이 적게 받으니 음습하여 질병의 원인이 된다.

제3장

양기
(陽基)

    퇴계 이황이나 정약용 같은 높은 학문을 지닌 이들은 환경론을 기록한 분이다. 길한 터에 가옥을 지어 살면 자연히 행운을 받아 부귀영화 입신출세한다. 이에 반하여 질병, 재해, 불행, 비천한 액운으로 유리 절멸하게 된다.

    천기와 지기가 모여 생기를 발하는 곳으로 풍광이 아름다운 형승지로 영초이수가 나타나고, 생활의 발달과 신장을 받을 땅이다. 산천정기를 탄다는 관념보다 산하 형세의 형상이 인생에 끼치는 환경론에 중점을 두었다. 양택은 거주를 지상에 두고, 음택은 매장하여 땅속을 흐르는 생기에 중점을 두었다.

    양기는 일상생활에서 직접 유형을 바라보고 접촉하여 유형의 영향을 주요시한다. 유형의 아름다움과 추함과 같이 자연 그대로 보는 대로 길흉지를 선택한다.

양택의 선정은 성하려는 터, 성한 기운이 상승하는 터이다. 발전적인 감이 있는 형세의 땅이 길지(吉地)이다. 발전적인 형세로 행복을 가져오려는 징후를 길지(吉地)라 함은 인류 본능적인 욕구다.

1. 양택(陽宅)

양택(陽宅)이라는 것은 양적인 풍수로서 개인 가옥의 택지와 관련해 건축물의 방위와 배치 등에 그 내용을 집중시키는 주택의 경우에 사용되는 개념이다.

(1) 지세(地勢)

집을 지을 때 졸속으로 급히 아무 곳이나 정하지 마라. 풍(風), 수(水), 장취(藏聚), 배면(背面), 안은(安隱), 밀택(密宅)을 자세히 관찰하여야 한다. 산천 정기가 통하는 곳이 좋다. 산을 등지고 물을 면함이 길(吉)하다.

명당은 관대(寬大)하면 재리(財利, 재물과 이익)가 많고, 긴속(緊束,

꽉 졸라 묶다)하면 재리가 모여들어 온다. 산천정기의 취산(聚散, 형태분석), 용(龍)의 도두수각(到頭手脚)을 펴면 양택을 이루고, 수각을 오므리면 음택을 이룬다.

① 양택은 좌하평형(座下平衡), 좌우불박(左右不迫), 명당관창(明堂寬暢), 토습윤(土濕潤), 감천(甘泉), 광택양기(光澤陽氣), 죽림총무(竹林叢茂)하면 길(吉)하고,

② 토양이 건조하여 윤택하지 않으면 흉지(凶地)다.

③ 양택은 일산(一山), 일수(一水)가 유정(有情)하고, 국세가 작으면 길(吉)하고, 장원(長遠)하지 않아야 한다.

④ 대세대형(大勢大形)은 부귀유원(富貴悠遠)하다.

⑤ 양택은 대산(大山)을 의지하면 사태(沙汰)가 생기고,

⑥ 강해(江海)를 영임(迎臨)하면 창경(漲境)하여 물이 흉(凶)하고,

⑦ 장기가 있고, 시초(柴草)가 편하지 못하고, 표호(豹虎)가 종횡(縱橫)하고, 도적이 출몰하는 곳은 흉(凶)하다.

⑧ 시정배가 다투는 곳도 피해야 한다.

⑨ 평지(平地)에는 일망무제(一妄無際) 래용결혈(來龍結穴)이 있으니 천(泉) 지(池)보다 높은 곳이 참되다.

⑩ 평지는 평탄하여 고하(高下)를 분간할 수 없는 곳이나 고저가 일정하지 못한 곳은 나쁘다.

⑪ 중원(中原)이 병택(平澤)하여 숫돌 같은 곳이 길(吉)하나.

⑫ 산곡(山谷)의 양택은 탈락(脫落)의 평지가 길하다.

⑬ 관광평이(寬廣平夷)하고, 사면공위(四面拱衛)하고, 공결요함(空缺凹陷)이 없고, 하수(下手)가 힘 있고, 수구고교(水口固交)하고, 명당개창(明堂開暢)하고, 하수(河水)에 의거(依據)하고, 계곡(溪谷)에 의거(依據)함이 길(吉)하다.

⑭ 협용(狹龍)하면 길(吉)하지 못하고 고명(高明)하여야 한다.

⑮ 사산(四山)이 고압(高壓)하여 삼양(三陽)을 질색(窒塞)함을 피해야 한다.

⑯ 산곡(山谷)에서의 양택은 바람에 감추어져야 한다.

⑰ 용기(龍氣)에 득승(得乘)함이 길(吉)하다.

⑱ 굴착(掘鑿)하여 넓혀 기맥(氣脈)을 상잔(相殘)하지 않아야 한다.

(2) 택지(宅地)

① 양택지는 동고서저(東高西低)하면 생기가 성한다. 서고동저(西高東低)하면 부호가 되지 않는다.

② 앞이 높고 뒤가 낮으면 문호(門戶)가 폐절(廢絶, 존재하지 않게 되다)한다.

③ 뒤가 높고 앞이 낮으면 우마(牛馬)가 많고 세출영호(世出英豪)한다.

④ 사면이 높고 중앙이 낮으면 처음은 부(富)하나 나중엔 빈천(貧賤)하다.

⑤ 평탄함이 대길(大吉)하다.

⑥ 택지는 묘유(卯酉)에 있어야 한다. 자오(子午)에 있으면 대흉(大凶)하다.

⑦ 남북(南北)이 길고 동서(東西)가 좁으면 길(吉)하고,

⑧ 동서(東西)가 길고 남북(南北)이 좁으면 초흉후길(初凶後吉), 우(右)가 길고 좌(左)가 짧음은 부(富), 좌(左)가 길고 우(右)가 짧으면 자손(子孫)이 적다.

⑨ 앞이 넓고 뒤가 좁으면 빈(貧), 앞이 좁고 뒤가 넓으면 부귀(富貴)하다.

⑩ 주택의 좌(左)에서 흐르는 물을 청룡(靑龍), 우(右)에서 흐르는 물이 백호(白虎)라 한다.

⑪ 앞에 오지(汚池)가 있으면 주작(朱雀), 뒤에 구릉(丘陵)이 있으면 현무(玄武)이다.

⑫ 주택은 궁관선거(宮官仙居)에 가까우면 주인이 수(壽)를 더하고 사람은 평안하고 재물은 넉넉하다.

⑬ 신전(神前), 불후(佛後), 고옥(古獄), 전장(戰場), 제구(祭丘), 폐지(廢址), 노야(爐冶), 대방(大房), 유방(油房), 괴총(壞塚), 석단(石斷), 동강(童岡), 충수(衝水), 할교(割交), 도간(道間), 황거(隍居) 등 재앙(災殃)이 있는 곳에 정하지 마라.

⑭ 토지길흉(土地吉凶)은 부상(浮上)을 거두어내고 생기한 땅을 평정하여 방(方)하고, 깊이를 한 자 두 지로 파서 흙을 살게 가투도 한 뒤 누르지 말고 다시 넣어두어, 다음날 아침 흙이 꺼져 있으면 흉(凶)하

고, 솟아있으면 길(吉)하다.

(3) 정수론(精水論)

① 물은 양양유유(洋洋悠悠)하여 나를 돌아보아 머물고자 하고, 고였다가 흐르는 것이 길하고, 첩첩수전(疊疊水田)은 해조(海潮)보다 좋고, 배후(背後)에 감겨 있음이 가장 귀(貴)하다.

② 가로치고, 등을 찌르고, 옆을 쏘고, 팔을 뚫고 대면(對面)하여 직거(直去), 사주(斜走), 반도직사(反逃直射)함은 흉(凶)하다. 물소리는 가(歌)가 길하고 처절(悽切), 잔계(潺溪)는 불길(不吉)하다.

③ 수구(水口)는 주밀(周密)을 존중(尊重)하고, 원산토돈(圓山土墩)이 라성(羅城)이 돌로 이루어지면 그 힘이 만산(萬山)에 필적(匹敵)한다.

④ 라성(羅城)은 기사괴석(奇砂怪石), 새, 짐승 같고, 꼬리는 물의 흐름을 따라 내려감이 길(吉)하다.

⑤ 라성(羅城)은 수구(水口)에서 보아야 길(吉)하고, 명당에선 보이지 않아야 길(吉)하다.

⑥ 수중(水中)에 사주(沙洲)가 있어서 머리가 흐름에 역(逆)하면 길(吉)하고, 일주(一洲)는 거부(巨富), 삼주(三洲)는 더욱 길(吉)하다.

⑦ 홀연(忽然)이 수구(水口)를 보는 것이 가장 길(吉)하고, 주(洲)가 낮으면 귀하지 못하다.

⑧ 물은 양국은 양(陽), 음국은 음(陰)으로 내쳐야 한다. 음양착잡

(陰陽錯雜, 어렵게 뒤섞여 어수선하다)시키지 말라. 건진감간(乾震坎艮)은 양(陽), 곤손리태(坤巽離兌)는 음(陰)이다.

(4) 사격(砂格)

① 주택(住宅) 좌우전(左右前)의 사격(砂格)이 첨수단원(尖秀端圓)하면 과거급제(科擧及第), 손신(巽辛)에 탁필형(卓筆形) 문귀(文貴), 퇴갑둔군형(堆甲屯軍形) 무귀(武貴), 두측항사(頭側項斜) 도적(盜賊), 고요일산(孤曜一山)은 승도(僧道), 조화온역(燥火瘟疫)은 화재(火災), 소탕쟁송(掃蕩爭訟), 남원유(男遠遊), 여무상(女無狀).

② 목성윤도(木星輪圖)를 이용하여 추리한다. 성윤도는 신방(申方)을 포(胞)로 한 이십사방위도(二十四方位圖)다.

2. 가옥(家屋)

① 가사(家舍)는 일인반간(一人半間)으로 하여 이십사오간(二十四五間)을 넘지 않는다.

② 고대(高大)함을 피한다. 대옥(大屋)은 시(屍, 죽음), 소옥(小屋)은 길(吉)하다.

③ 옥(屋)이 지나치게 고명(高明)하면 흉(凶)하다. 양이 성하면 백(魄)이 상(傷)한다.

④ 심하게 비암(卑暗, 낮고 어두우면)하면 흉(凶)하다. 음이 너무 성하면 혼(魂)이 상(傷)한다.

⑤ 밝으면 발을 내리고 어두우면 발을 걷어 올린다.

⑥ 조옥(造屋)은 일(日), 월(月), 구자(九字)가 길(吉)하고 공(工), 시자(尸字)는 흉(凶)하다.

⑦ 조옥(造屋)의 간수(間數)는 반드시 단수(單數)가 길하다. 일(一),

삼(三), 오간(五間)이다. 기둥의 척수도 단수(單數)가 길(吉)하다.

⑧ 주방(主房)을 기조(起造)로 하고, 다음에 청방(廳房, 옆의 마루청이 끼거나 위에 걸쳐 있는 중방), 군방(群房)으로 하여, 다 되어갈 때 대문(大門)을 만든다. 안에서 시작하여 바깥으로 이룬다.

⑨ 먼저 대문(大門)을 개조하면 주인(主人)이 성하지 못한다.

⑩ 먼저 울타리를 짓고 후에 집을 지으면 곤(困, 괴롭다)이니 불길(不吉)하다.

⑪ 측간(廁間, 화장실)은 인가(人家)의 내외(內外)에 각각 하나씩 만든다. 고창(高敞) 명랑(明朗)하게 하고, 암유(暗幽)하면 흉(凶)하다. 정결(淨潔)하게 하여야 한다.

(1) 대문(大門)

① 봄은 동(東), 여름은 남(南), 가을은 서(西), 겨울은 북문(北門)을 만들지 말아라!

② 문이 작고 집이 크면 재물이 모이고, 문이 크고 가옥이 작으면 허모(虛耗)하고, 대문(大門)과 중문(中門)은 마주 보고 열지 마라!

③ 문전(門栓)이 크고 작고, 경계의 울타리 담벽이 너무 높고 낮으면 재앙(災殃)을 불러들이고, 문벽이 파괴된다!

④ 문선(門縡)이 장벽보다 높은 것, 문구(門口)에 물구덩이, 문피(門被)에 물이 솟는 것, 수로(水路)가 물에 닿는 것, 문중(門中)에 물이 나

오고, 문에 우물이 닿고, 신당(新堂)에 문(門)이 바로 대하고, 분옥(糞屋)이 문(門)에 대하고, 창구(倉口)가 문(門)을 향한 것, 장각(墻角)이 문(門)을 찌르는 것, 교로(交路)가 문(門)을 껴잡은 것, 중로(衆路)가 문(門)을 찌르는 것, 문전(門前)의 직옥(直屋)은 반드시 피해야 한다.

⑤ 북동(北東)에 문을 내면 괴이(怪異)가 많다.

⑥ 두세 집 문이 서로 맞대면 불길(不吉)하다.

⑦ 문 좌우에 신당(神堂)을 모시지 마라!

⑧ 문전(門前)의 대수(大樹), 버들, 청죽류(靑竹類)를 피하라.

⑨ 소추죽(掃帚竹)을 문하(門下)에 두면 사람이 역골풍(歷骨風, 골수염)을 앓는다.

(2) 택목(宅木)

① 인가(人家) 거지(居地)에 나무 창송취죽(蒼松翠竹, 푸른 소나무와 푸른 대나무)을 심으면, 사반(四畔)이 울연(鬱然, 우거져 성하다)하여 저절로 생왕(生旺, 왕성하게 삶)하여 속기(俗氣, 세속의 기풍)가 없어지고, 양거(陽居)는 음(陰)을 좋아하고, 음거(陰居)는 양(陽)을 좋아하여 음양이 상화(相和)하는 이치다.

② 정심(庭心, 정원의 가운데)의 수목(樹木)을 간곤(間困)이라 한다. 화앙(禍殃, 천재지변으로 말미암아 생긴 불행한 사고)을 주재(主宰, 어떤 일을 중심이 되어 맡아 처리함)한다.

③ 과수(果樹)가 무성(茂盛)하여 집 좌우를 덮으면 질자(疾者)를 주장한다.

④ 대수(大樹)의 줄기가 문에 닿으면 흉(凶)하다.

⑤ 술방(戌方)의 대수(大樹), 옥정(屋頂)의 고수(枯樹)는 귀(鬼)를 모은다.

⑥ 문전(門前)의 고수(苦樹), 시수(柿樹)의 그늘을 피하라.

⑦ 문수(門樹)의 두 갈래를 피하라.

⑧ 동청(冬靑)인 사철나무처럼 뾰족함을 피하라.

⑨ 양수(兩樹)가 가옥(家屋)을 감싸도 흉(凶)하다.

⑩ 나무둥치 밑이 붓고, 허리가 붓고, 가운데가 비고, 나무가 밖으로 향하고, 나무꼭지가 수도(垂倒)하고, 고수(枯樹, 오래된 나무, 담장)에 등(騰)나무가 기어오르고, 오그라지고, 굽은 나무는 불길(不吉)하니 속히 베어버려라!

⑪ 집터 안에 수녕(壽命)이 긴 나무는 심지 마라. 제거하기 어렵다.

⑫ 백년(百年)의 대수(大樹, 큰 나무)는 함부로 베면 재앙(災殃)을 면치 못한다.

⑬ 나무뿌리가 처마 밑에 들어오면 흉(凶)하다.

⑭ 대추나무는 집의 서(西)쪽에 있으면 작은 덕을 얻게 된다.

⑮ 수양버들을 동(東)쪽에 심으면 우마(牛馬)에 이롭다.

⑯ 느릅나무는 미향(未向)이나 집 뒤가 좋으니, 귀신(鬼神)이 감히 넘보지 못한다.

⑰ 복숭아는 남향(南向)이 좋고, 우물가를 피하라. 자도(紫桃, 복숭

아)는 동향(東向)이 길(吉)하고 서(西), 남(南), 북향(北向)은 흉(凶)하다.

⑱ 살구는 북(北)이 길(吉)하고, 진방(辰方)은 흉(凶)하다.

⑲ 오동은 술해방(戌亥方)에 삼주(三株)를 심으면 노비(奴婢)를 성하게 하고, 뜰 앞은 흉(凶)하다.

⑳ 괴목(槐木)은 중문(中門)에 삼주(三株)를 심으면 세세부귀(世世富貴) 택전대길(宅前大吉), 신방(申方)은 도적(盜賊)을 막는다.

㉑ 능금나무는 진방(辰方)이 길(吉)하고, 저택내(邸宅內)는 피한다.

㉒ 뽕나무는 서(西)쪽이 길하다.

㉓ 매화는 남(南)쪽이 길하고, 무궁화는 택내(宅內)를 피한다.

㉔ 석류는 뜰 앞에 심으면 현자(賢者)를 내고, 후사(後嗣)가 많고, 대길(大吉)하다.

㉕ 개암나무는 북(北)이 마땅하다.

㉖ 가옥(家屋)에 가까운 풍수(楓樹, 단풍나무)는 귀(鬼)가 산다.

㉗ 중정(中庭, 정원 중간)에 식수(植樹)하지 마라.

㉘ 그늘엔 꽃을 심어 난간(欄干)을 만들어라.

㉙ 저택(邸宅)이 좌(左)에 흐르고, 우(右)로 긴 길이 없고, 앞에 오지(汚池), 뒤에 구릉(丘陵, 산보다는 조금 낮고 완만하게 비탈진 곳)이 없으면, 반드시 동(東)에 도유(桃柳, 복숭아나무), 서(西)에 자유(柘榆, 산뽕나무, 느릅나무), 남(南)에 매조(梅棗, 매화나무, 대추나무), 북(北)에 내행(柰杏, 능금나무, 살구나무)을 심어서 청룡(靑龍), 백호(白虎), 주작(朱雀), 현무(玄武)로 삼아라.

㉚ 집 뒤에 묘지가 있으면 묘지가 기(氣)를 모아 흥(興)하고, 택(宅)

이 쇠퇴(衰退)한다.

㉛ 묘지 뒤에 집을 지으면 집이 맥(脈)을 끊어 묘지는 쇠퇴(衰退)하고, 집은 일어난다.

㉜ 래용맥(來龍脈) 위를 행시(行尸)나, 시집 장가 가는 가취(嫁娶)가 지나가면 생기를 빼앗는다.

(3) 오허택빈모(五虛宅貧耗)

① 일허(一虛) : 택(宅)이 크고 사람이 적은 것
② 이허(二虛) : 택(宅)이 작고 문이 큰 것
③ 삼허(三虛) : 담원(墻垣, 담장)이 완전하지 못한 것
④ 사허(四虛) : 정(井, 우물), 조(灶, 부엌 아궁이)가 장소(場所)를 옳게 얻지 못한 곳
⑤ 오허(五虛) : 택지(宅地)가 많아 소옥(小屋)에 정원(庭園)이 넓은 것

(4) 오실택부귀(五實宅富貴)

① 일실(一實) : 택(宅)이 작고 사람이 많은 것
② 이실(二實) : 택(宅)이 크고 문(門)이 작은 것
③ 삼실(三實) : 장원(墻垣, 담장)이 완전한 것

④ 사실(四實) : 택(宅)이 작고 육축(六畜)이 많은 것

⑤ 오실(五實) : 수구(水口)가 동남(南東)으로 흐르는 것

⑥ 남몰래 부가(富家)의 지하토(地下土)를 떠와서 정수(淨水)를 써서 대문(大門) 위에 칠하면 재왕(財旺)하고 부가(富家)를 해치지 않고, 우각(牛角)을 취해서 축방위(丑方位)에 묻고 우골(牛骨)을 남방(南方)에 묻으면 길하다.

⑦ 대석(大石)을 택(宅) 사우(四隅, 네 구석이나 네 모퉁이)에 두면 재이(災異, 자연현상으로 생기는 재앙과 땅 위에서 일어나는 변고를 아울러 이르는 말)가 일어나지 않는다.

⑧ 양택(陽宅)은 백가천손(百家千孫)의 부귀행복을 위함이니, 한 집만 조영하는 소규모의 땅이 길지를 대지라 하지 않는다. 백자천손(白子千孫)이 번영할 수 있는 곳이어야 한다.

⑨ 음택(陰宅)은 사방 십 보 내의 협소하여도 되지만, 양택(陽宅)은 수십, 수백, 수천 보로 클수록 좋다.

⑩ 음택(陰宅)은 나무뿌리를 배양하는 곳이므로 좁아도 되지만, 양택(陽宅)은 지엽이 번성하여야 하므로 생기가 모임이 넓고 커야 한다.

⑪ 땅속의 생기를 받아야 하는 음택(陰宅)은 작아야 하고, 양택은 넓고 커야 한다.

⑫ 음택(陰宅)은 땅속의 생기를 직접 받고, 양택(陽宅)은 생기 있는 땅 위에 집을 지어 간접적으로 생기를 향유함이다.

⑬ 양택(陽宅)은 형세의 영향을 받는다.

⑭ 양택(陽宅)은 땅속을 흐르는 생기와는 간접적이고, 지상의 형세

와 유형이 직접적으로 영향을 받는다.

⑮ 선간수구(先看水口) : 수류(水流)가 역수(逆水)로 거슬러 수구를 차단하거나 관쇄(關鎖)가 이중 삼중으로 중첩되어 수구(水口)가 형성되면 더욱 길(吉)하다.

⑯ 차간야세(次看野勢) : 사람은 양기(陽氣)를 잘 받지 못하는 곳에는 살지 말라고 하였다. 그러므로 야세(野勢)가 넓어서 일월풍우(日月風雨)를 잘 받아야 질병도 없고 훌륭한 인품이 나온다고 하였으니 주의할 것은 높은 산이나 높은 건물로 둘러싸인 주택은 일조량이 적게 받으니 음습하여 질병의 원인이 된다.

⑰ 차간산형(次看山形) : 주산은 수려단정(秀麗端正)하고 청명하며 산은 멀고 산맥이 평지로 낙맥(落脈)된 곳이면 길하다.

⑱ 차간토색(次看土色) : 토색(土色)은 조윤(調潤)한 생기토(生氣土)라야 건강하고 훌륭한 인물이 나올 것이며, 점토질이 음습한 곳은 만병의 원인이 되는 흉지이니 취하지 않아야 한다.

⑲ 차간수리(次看水理) : 수원(水原)은 산에 근원하여야 길하고, 수세(水勢)는 환포(環抱)되면 길하다.

⑳ 차간조산조수(次看朝山潮水) : 조산은 멀리서 보면 맑고 가까이서 보면 밝은 산으로, 보기에 유정하고 아름다우면 길하고, 조수(朝水)는 역수(逆水)되면 길하나, 큰 강물은 역수하지 않아야 한다.

산(山)골짜기는 음(陰)한 습풍(濕風), 질풍(疾風)이 불기 때문에 건강에 나쁘니 피해야 한다! 이런 곳에서 오래 살면 재산이 흩어지고 음(陰)이 강(强)하여 남자(男子)가 상하며 과부가 되는 곳이다. 이런 곳에 사는 사람들은 고생하며 남자가 맥을 못 쓰고, 과부가 된 사람이 많아 여기를 떠나야 한다. 삼년(三年)을 넘기지 못하고 패가(敗家), 절손(絶孫), 파산하여 망하고 고향(故鄕)을 떠나간다.

제4장

양택론

예부터 우리 조상(祖上)들은 자연환경(自然環境)을 숭상(崇尙)하여, 오랜 세월(歲月)에 걸쳐서 아름다운 산천(山川)의 길지(吉地)를 찾아서 살았다. 아름답게 가꾸어놓은 생활(生活) 터전은 만세(萬世)에 유전(遺傳)되며, 명당택지(明堂宅地)는 대소도시(大小都市)와 농촌을 이루었다.

학문적(學問的)으로 보아도 대소(大小)의 명당지역(明堂地域)이요, 자연환경(自然環境)에 알맞게 길지선택(吉地選擇) 따라, 인간(人間)의 흥망성쇠(興亡盛衰)와 부귀빈천(富貴貧賤)이 생기게 되는 것이다.

인간(人間)은 풍수지리(風水地理)인 자연(自然)을 떠나서는 한시도 살 수 없는 것이 진리(眞理)다. 내가 살고 있는 환경(環境)을 살펴서, 가상(家相, 집안의 운세를 좌우한다고 하는 집의 위치나 방향, 구조)을 바로 하는 것이 나의 안정(安靜)은 물론, 후손(後孫)의 장래(將來)를 약속(約

束)하는 자연(自然)의 진리(眞理)다.

명당(明堂)은 주산행용(主山行龍)이 후부(厚富, 두텁고 넉넉)하며, 야산(野山)에 와서 양명(陽明)한 산(山)이 순행(順行)으로 라성(羅城)을 이룬, 보국내(保局內)에 결혈(結穴)된 지점이 명혈(明穴)이요, 라성(羅城)을 이룬 보국내(保局內)를 명당지지역(明堂地域)이라 한다.

명당택지(明堂宅地)는 보국(保局)이 형성(形成)된, 산진처(山盡處)에 결혈(結穴)된 자리가 명혈(明穴)이요, 집을 지으면 명당택지(明堂宅地)다.

결혈지(結穴地)는 묘(墓)로 사용하기보다 동사택(東舍宅)이나 서사택(西舍宅)으로 배합사택(配合舍宅)에 맞추어 안방이 혈중심(穴中心)에 위치하도록 길(吉)한 가상(家相)을 세우면, 혈상(穴相) 따라 발복(發福)이 가택(家宅)에 사는 가족(家族)에게 발복(發福)한다. 수십대(數十代)를 살아도 변함이 없을 터이다. 영구(永久)한 명당택지(明堂宅地)인 것이다.

양택(陽宅)의 명당택지(明堂宅地)도 주산(主山)과 래용(來龍)의 기세(氣勢)를 보나, 천지기(天地氣)의 조화(調和)를 위주(爲主)로 하니, 국세(國勢)를 위주(爲主)로 한다.

라성(羅城)을 이룬 보국형성(保局形成)의 자세로서 명당국세(明堂局勢)의 차등(差等)이 생기는 것이니라. 대국세(大局勢)의 형성(形成)은 주세(主勢)가 태조산(太祖山)과 행용(行龍)에 있는 것이다. 그러나 가옥(家屋)에는 가상법(家相法)이 있어서 동서사택(東西舍宅)의 구별, 긴물(建物)의 상(相), 정원(庭園)의 상(相), 구조(構造) 등의 길(吉)한 구성법

(構成法)이 있으니, 아무리 좋은 보국(保局)된 명당택지(明堂宅地)라도 가상법(家相法)에 맞지 않으면, 흉가(凶家)가 되는 것이다.

양택(陽宅)의 가상법(家相法)은 공기(空氣)를 조화(調和)시키는 데 있으니, 동서배합사택(東西配合舍宅)의 구성법(構成法)이 또한 중요하다.

1. 가상과 지역(家相과 地域)

음양택(陰陽宅)을 숭상(崇尙)하던 시절(時節)에는 소아(小兒)가 병(病)들면, 명문가(名門家)의 집을 찾아가서 피병(避病)하여, 건강(健康)을 회복(回復)하는 사례(事例)가 많았다. 그러나 자연환경(自然環境)을 생각하지 않은 현대인(現代人)은 깊은 산골이 조용하고 공기(空氣)가 맑다 하여 피병(避病)가니, 죽음을 자초하는 격이다.

두메산골이 경치가 좋은 것 같으나, 음곡자생살풍(陰谷自生殺風, 풍수에서 바람(風)은 건강, 물(水)은 재물을 주관하는 것이다. 바람(風)이 생기(生氣)를 흩어지게 한다는 것은 풍수의 상식으로 통한다. 고서에 음곡자생풍(陰谷自生風)은 살풍(殺風)이라 했다. 계곡 앞에 집을 짓고 살풍(殺風)을 맞고 살게 되면 가주(家主)가 3년을 넘기지 못하고 죽는다는 구절이 있는 만큼 지명적인 위해를 가한다. 살풍(殺風)은 만물의 결실(結實)에 장애가 된다)을 맑은 공기(空氣)로 잘못 생각한다.

오래 살다 보면 영리(穎利)한 머리를 가진 귀족(貴族)도, 천골(賤骨)을 출생(出生)하게 되니 그제서야 흉(凶)한 지역(地域)임을 깨닫게 된다.

(1) 명당지(明堂地)

우리나라는 금수강산(錦繡江山)이라 명당지역(明堂地域)이 많아서 곳곳에서 귀(貴)한 인물(人物)이 태어난다. 명당(明堂)으로 이해(理解)하기 쉬운 지역(地域)으로 진도는 산세(山勢)가 맑고, 곳곳마다 보국형성(保局形成)이 원형(圓形)으로 라성(羅城, 새 나라 도성)을 이루어, 천기지기(天氣地氣)가 조화(調和)를 이루니, 만물(萬物)의 결실(結實)도 좋아지고, 사람에게도 더욱 길(吉)한 정기(精氣)로 조화(調和)된 명당지역(明堂地域)이다. 정기(精氣)가 감도는 지역(地域)이니 개조차 영리(穎利)한 명물(名物)로 되었으니, 명당지역(明堂地域)에 조화된 공기(空氣)가 좋아지는 것을 실감(實感)하게 된다.

명문가(名門家)의 재상(宰相)이 두메산골로 낙향(落鄕)한 귀족(貴族)의 후손(後孫)들을 살펴보면, 현재(現在) 천골(賤骨)로 비천(卑賤)하게 살고 있으니, 명당지역(明堂地域)과 흉(凶)한 지역을 알 수 있다.

(2) 천신기(天神氣)

　귀(貴)한 인물(人物)의 출생(出生)은 공기조화(空氣調和)에 이치(理致)가 있다. 사람이 살아가는 데 가장 중요(重要)한 곳이 주택(住宅)이다. 하루 일과(日課)의 피로(疲勞)를 회복(回復)하자니 휴식(休息)하는 주택(住宅)이요, 잠자는 고방(高房)인 것이다. 가옥내(假屋內)는 기(氣)와 조화(調和)된 정기(精氣)라야 건강(健康)과 정신(精神)이 안정(安靜)되는 것이다.

　사람은 건강(健康) 따라 생활시(生活時)에 냉풍(冷風), 질풍(疾風) 등 모든 불순(不順)한 공기(空氣)도 이겨내는 자체력(自體力)이 생기는 것이다. 잠잘 때는 불순(不順)한 공기침입(空氣侵入)으로 장해(障害)를 받기도 하고, 길(吉)한 가택(家宅)의 좋은 기(氣)를 받기도 한다.

　소음(騷音), 진동(振動), 살풍(殺風)으로 장해(障害)를 받으면, 심장(心臟)을 극(克)하니 해(害)는 신장(腎臟)과 정신(精神)이 당하게 된다. 적은 소음공해(騷音公害)도 인체(人體)에 누적(累積)되면 훗날에 발병(發病)하고, 정음정풍(靜音靜風)에서 안정(安靜)을 이룬다.

　가상(家相)에 흉풍(凶風)이 되는 것은 골목 바람이다. 막다른 골목에 대문(大門)이 난 가택(家屋)은 흉풍(凶風)으로 흉가(凶家)다. 건물배치(建物配置)에 내외건물(內外建物)을 가까이하면 정원(庭園)이 좁아서 흉(凶)한 공기(空氣)로 변(變)한다.

　경사(傾斜)진 바람이 불순(不順)하기 때문에 가옥내(家屋內)도 정기(精氣)로 조화(調和)되지 못한다. 거처하는 가옥(家屋)의 구조(構造)에서 기(氣)를 변화(變化)시켜야 한다.

공기(空氣) 중의 길(吉)한 천기지기(天氣地氣)의 변화(變化)를 이루는 것은 자연환경(自然環境)과 가옥(家屋)의 내부구조(內部構造)와 방향(方向)이다. 지면 가까운 곳에 보국(保局) 따라 조화(調和)되는 정기(精氣)로서 만물(萬物)의 생멸(生滅) 소장(少長)이 있는 것이다.

(3) 양택(陽宅)[7]

옛 성인(聖人)들은 순환(循環)하는 공기조화(空氣調和)의 이치(理致)를 깨달아 양택(陽宅)을 이용하니, 팔괘(八卦, 중국 상고시대의 복희씨(伏羲氏)가 만들었다고 하는 여덟 가지 괘(卦). 양효(陽爻)와 음효(陰爻)로 이루어진 세 개의 효를 겹치어 자연 세계의 기본 요소인 여덟 가지의 상(相)을 나타내는 것으로, 건(乾 : ☰, 하늘), 태(兌 : ☱, 못), 감(坎 : ☵, 물), 이(離 : ☲, 불), 진(震 : ☳, 우레), 손(巽 : ☴, 바람), 간(艮 : ☶, 산), 곤(坤 : ☷, 땅)을 말한다) 팔방위(八方位, 동(辰, 진), 서(兌, 태) 남(離, 이), 북(坎, 감), 동남(巽, 손), 남서(坤, 곤), 북동(艮, 간), 서북(乾, 건))로서 구성법(構成法, 여러 부분이나 요소들을 얽어 짜서 체계적인 하나의 통일체로 만드는 방법)을 발견(發見)하였다.

건물(建物), 정원(庭園), 대문(大門) 등의 구조배치(構造配置)로서 공

---

7 양택 : 산 사람을 양(陽), 죽은 사람을 음(陰)이라 하여, 거기에 따른 주거지를 각각 양택(陽宅) · 음택(陰宅)으로 구분한다. 풍수지리에서 살아있는 사람의 집터를 말한다.

기(空氣)를 조절(調節)하여 인체(人體)에 길(吉)하게 배합가상(配合家相)으로 구성하여 살면 천지리(天地理)에 순응(順應)하는 것이라, 부귀(富貴)가 약속(約束)하느니라. 이 법(法)을 멀리하면 천지리(天地理) 자연(自然)에 불응(不應)하는 것이니, 비천(卑賤) 궁색(窮塞)이 두렵다. 그러므로 천지자연(天地自然)에 순응(順應)하여야 하느니라.

(4) 택지(宅地)

촌락(村落)은 보국형성(保局形成)이 상란(散亂)할 것이니 택지선택(宅地選擇)에 신중(愼重)해야 한다. 도회지(都會地)는 도시(都市)가 된 나름대로의 보국형성(保局形成)이 잘 되었으니 평지(平地)에서는 남향(南向)으로 된 택지(宅地)에, 가옥(家屋)을 선택(選擇)하는 것이 현명(賢明)하다.

명당택(明堂宅)이란 비산비야(非山非野, 산도 평야도 아닌 땅)에 있는 것이다. 도시(都市)나 촌락(村落)을 막론하고 비산비야(非山非野)를 찾아야 한다.

지형지세(地形地勢) 따라 산(山)을 뒤로하고, 야지(野地)를 향(向)하는 것이 지리자연(地理自然)에 순응(順應)하는 명당택지(明堂宅地)의 길(吉)한 가상(家相)이 되는 것이다.

촌락(村落)에서 보국(保局)된 댁지(宅地)가 없으면, 강풍(藏風, 멀리서 불어오는 강한 바람)된 곳을 택(擇)하되 소음(騷音) 진동(振動)이 없는 곳이 길(吉)하다. 대소(大小) 빌딩 사이의 주택(住宅)은 불길(不吉)하다.

철도주변(鐵道周邊)은 소음진동(騷音振動)으로 심장(心臟), 정신(精神)을 극(克)하여 기형아(畸形兒)를 출산(出産)할 우려가 있다. 습기(濕氣)가 많은 택지(宅地)는 재패(再敗), 인패(人敗), 병폐(病敗)로다. 오물(汚物)로 매립(埋立)된 지역(地域)의 택지(宅地)는 독(毒)가스가 나와서 흉(凶)하다.

명당지역(明堂地域)의 토질(土質)은 비석비토(非石非土)이나 생토(生土)이어야 지기상승(地氣上昇)에서 기(氣)의 조화(調和)로 정신(精神)이 맑아지고 건강(健康)하여 인재출생(人材出生)한다.

2. 택지삼요(宅地三要)

背山臨水 健康長壽
배산임수 건강장수

前低後高 世出英豪
전저후고 세출영호

前窄後寬 富貴如山
전착후관 부귀여산

(1) 배산임수 건강장수(背山臨水 健康長壽)

① 산(山)을 등지고 낮은 곳을 향(向)하라는 뜻이다. 배산임수(背山臨水, 산을 뒤에 두고 물을 앞에 대하고 있는 땅의 형세)에 역(逆)하면 흉가(凶家)로다.

② 도시(都市)도 높은 언덕은 불길(不吉)하나, 낮은 언덕은 길(吉)하다.

③ 촌락(村落)에선 낮은 언덕도 불길(不吉)하니 국세(局勢)가 미약(微弱)한 이치(理致)로다.

④ 도시(都市)일지라도 높은 언덕은 피하고, 언덕 아래를 선택하여야 마땅하다.

⑤ 낮은 보국(保局)이라도 되었나를 살펴서 언덕을 뒤로하고 낮은 곳을 향해라.

⑥ 보국(保局)된 택지(宅地)의 안정(安靜)을 찾아 천지기(天地氣)의 조화(調和)된 정기(精氣)로서 가족(家族)의 부귀영화(富貴榮華), 건강(健康), 수명장수(壽命長壽)가 약속(約束)되는 길(吉)한 배치(配置)이다.

(2) 전저후고 세출영호(前低後高 世出英豪)

① 내당(內堂)의 주건물(主建物)은 높이 위치하고, 정원(庭園)과 행랑채는 낮아야 하는 것이 전저후고(前低後高)다.

② 건물하(建物下) 삼육계단(三六階段)에 정원(庭園), 정원하(庭園下) 삼계단(三階段)에 도로(道路)이다.

③ 전저후고(前低後高)도 경사(傾斜)가 급(急)한 곳은 불길(不吉)하다.

④ 비산비야(非山非野)에서 하당건물(下堂建物)과 담이 주건물(主建物)을 보호(保護)하도록 설계되어야 한다.

(3) 전착후관 부귀여산(前窄後寬 富貴如山)

① 출입(出入)하는 곳이 좁으면서 정원(庭園)에 들어서면 건물(建物)에 비하여 정원(庭園)이 너그러이 안정(安靜)감이 들어야 후관(後寬)이다.

② 공기조화(空氣調和)의 정기(精氣)에 뜻을 둔 것이다.

③ 지면(地面)은 네모 반듯하여야 길(吉)하다.

④ 내당건물(內堂建物)을 위주(爲主)로 보호건물(保護建物)을 좌우전면(左右前面)에 낮게 하고, 내외문(內外門)을 만들면 길(吉)하다. 전착후관(前窄後寬, 출입구는 좁고 안쪽은 넓게).

⑤ 前窄後寬 富貴如山　전착후관 부귀여산

⑥ 前廣後窄 失人挑走　전광후착[8] 실인도주

8　전광후착(前廣後窄) : 재운불길형(財運不吉形), 마름모꼴의 택지가 전면은 길고 후면은 좁은 모양이다.

3. 가상법(家相法)

① 아무리 명당택지(明堂宅地)라도 부배합사택(不配合舍宅)이나, 가상(家相)이 허(虛)하거나, 빈상(貧相)이면 불길(不吉)하다.

② 일인오평(一人五坪)이 적당하다. 명심(銘心)할 것은 문(門), 주(主), 조(灶)가 동사택일기(東舍宅一氣)로 구성(構成)되거나, 서사택일기(西舍宅一氣)로 구성(構成)되어야 한다. 이것이 배합사택(配合舍宅)이니, 가상(家相)에서 가장 중요(重要)하다.

③ 문(門), 주(主), 조(灶), 측(厠), 정원(庭園)이 기본 요소로 가장 중요한 곳이 문(門), 주(主), 조(灶)다.

④ 문(門)은 대문(大門) 또는 건물(建物)의 출입구(出入口) 현관을 문(門)으로 본다.

⑤ 주(主)는 건물(建物)의 중요(重要)한 위치(位置)로 높고(高), 넓고(廣), 왕(旺)한 곳을 기두(起頭)로 정한다.

⑥ 조(灶)는 음식(飮食)을 만드는 곳으로 가족(家族)의 건강(健康)이 매여 있는 중요(重要)한 곳이다.

⑦ 문(門), 주(主), 조(灶)는 동택(東宅)으로 상생(相生) 비화(比和)가 좋다.

⑧ 측(厠)은 변소(便所)로 가옥(家屋)에서 멀수록 길(吉)하다.

⑨ 문(門), 주(主), 조(灶)는 동택(東宅). 측(厠), 욕(浴), 헛간, 창고(倉庫)는 반대방위(反對方位)가 길(吉)하다.

(1) 길흉(吉凶)

원형(圓形)에 꽉 차면 길상(吉相)이요, 좁고 길고 높아서 원(圓形)에 부족(不足)하거나 벗어나는 것은 불길(不吉)한 상(相)이다.

주택(住宅)의 평면대지(平面垈地)는 정사각형(正四角形)으로 원(圓)에 가까우나 전후구별(前後區別)이 없어서 불길(不吉)하니, 정사각형(正四角形)에 1/3을 더한 건물평면(建物平面)이 되어야 길상(吉相)이다. 정원상(庭園相)은 정사각형(正四角形)이 길(吉)한 형(形)이다.

공기(空氣)는 원형순환(圓形循環)에서 인체(人體)에 이로운 정기(精氣)로 변화(變化)된다. 좁고 길수록 공기(空氣)는 흉풍(凶風)으로 변(變)한다. 아파트는 삼층이하(三層以下)의 공기(空氣)가 길(吉)하나, 보국형세(保局形勢) 따라 다르다.

젊은이의 건강자(健康子)는 공기(空氣)의 감각(感覺)을 모르나, 허

(虛)한 자는 불길(不吉)한 공기(空氣)에 민감(敏感)하여 질병(疾病)이 올 수 있다. 사람이 활동(活動)할 때는 불길(不吉)한 살기(殺氣)를 이겨 내는 자체력(自體力)이 있으나, 잠잘 때는 자체방어력(自體防禦力)이 없다.

먹는 것은 아무 데서 먹어도 잠자리는 절대로 가려야 한다. 잠잘 때는 길(吉)한 공기(空氣)에서 육체피로회복(肉體疲勞回復)과 정신피로(精神疲勞)가 해소(解消)되어야 한다.

건강(健康)한 몸에서 자손(子孫)도 귀(貴)한 인물(人物)이 태어날 수 있다. 이는 가상법(家相法)의 음양(陰陽), 상생(相生), 상극(相剋) 조화(調和)의 이치(理致)다.

(2) 길배치(吉配置)

길(吉)한 건물배치(建物配置)에서 부귀(富貴)가 나는 법(法)이다. 건물배치(建物配置)는 지세(地勢)가 생긴 대로, 배산임수(背山臨水)와 전저후고(前低後高)해야 길(吉)하다.

대지(垈地)의 형태(形態)에 따라 건물상(建物相)을 구상(構想)하되, 정원상(庭園相)을 고려(考慮)하여 배합가상(配合家相)으로 한다. 하지만 길(吉)한 대지(垈地)가 길상(吉相)이라도 독체(讀體)만 세우는 것은 외로운 상이다. 부수건물을 낮게 배치해야 길(吉)하다.

대문(大門)은 귀(貴)로 보는 것이니 대문상(大門相)이 길(吉)해야 경사(慶事)가 겹치게 된다. 대문(大門)은 건물(建物)에 비해서 크거나 작아도 흉상(凶相)이다. 부속건물에다 내외문(內外門)을 설치하는 것이 바람직하다.

옛날의 솟을대문도 귀(貴)에 뜻을 두어 이룩된 것이다. 옛날의 대가(大家)집을 구자형(口字形)으로 배치(配置)한 것은 전착후관(前窄後寬)에 뜻을 둔 것이다. 정원(庭園)에서 기(氣)가 순환(循環)하여 조화(調和)되는 것을 이용(利用)했으니, 주위환경(周圍環境)의 이치를 깊이 터득하여 이용함이다.

궁궐(宮闕)의 부속건물을 삼면(三面)으로 배치한 것도 양택법(陽宅法)에 의한 가상법(家相法)이다. 길(吉)한 가상(家相)에서 인재(人才), 미인(美人) 난다. 길(吉)한 가상(家相)이란 건물(建物)이 길상(吉相)으로 후부(厚富)하며, 건물(建物)에 비교되는 정원(庭園)이 되어야 기(氣)가 길(吉)한 공기(空氣)로 변화(變化)한다.

(3) 흉배치(凶配置)

건물배치(建物配置)가 흉상(凶相)이면, 동서사택(東西舍宅, 동서사택은 집의 방위를 음양(陰陽) 오행으로 구분하여 기운의 조화를 찾는 것이다. 즉 동사택은 양으로서 귀(貴)의 방위이고, 서사택은 음으로서 부(副)의 방위가 되는 것이다)의 구별(區別)을 따질 필요 없이 흉가(凶家)보다.

앞 건물(建物)이 높고 뒤 주택(住宅)이 작고 낮으면 큰 건물(建物)에 부닥치는 바람이 질풍(疾風)이 되어 해(害)로운 것이다. 앞 건물(建物)과 뒤 건물(建物) 사이가 협소(狹小)하면 외부(外部)의 길(吉)한 공기(空氣)도 내부(內部)에 들어와서 흉풍(凶風)으로 변화(變化)되는 가운데, 비천자(卑賤者)가 출생(出生)한다.

두뇌(頭腦)가 좋아지는 것은 수면시(睡眠時) 기(氣)의 조화(調和)된 정기(精氣)를 호흡(呼吸)하는 데서 이루어진다. 건물(建物)이 충(沖)하면 사람이 상(傷)한다. 한 원내(院內) 두 건물(建物)이 같이 배치(配置)하면 재패(財敗) 파산(破産)한다.

(4) 동서사택(東西舍宅)

동방위(東方位)는 감(坎), 리(離), 진(震), 손(巽)이 동사택(東舍宅)이다. 서방위(西方位)는 건(乾), 곤(坤), 간(艮), 태(兌)가 서사택(西舍宅)이다. 동사택(東舍宅)은 향이니 귀격(貴格)이라 귀(貴)의 발복(發福)이 크다. 서사택(西舍宅)은 음이니 부격(富格)이라 부(富)의 발복(發福)이 크다.

동서사택(東西舍宅)에 사택일기(四宅一氣)로 배합사택(配合舍宅)이 되었을 때 부귀발복(富貴發福)을 바라고, 부배합(不配合)이면 화를 당한다. 건(乾), 곤(坤), 간(艮), 태(兌)는 서사택(西舍宅)으로 문(門), 주(主), 조(灶)가 혼합(混合)되면 인구상망(人口喪亡)과 거듭되는 재화(災禍)를 틀림없이 당한다. 감(坎), 리(離), 진(震), 손(巽)은 동사택(東舍宅)

으로 문(門), 주(主), 조(灶)가 사택일기(四宅一氣)로만 구성(構成)되면, 자손(子孫)이 흥왕(興旺)하고 부귀영화(富貴榮華)한다.

(5) 라경패철(羅經佩鐵)

사선(四線)은 24방위(方位)로 되어있으나 자(子), 오(午), 묘(卯), 유(酉)의 사정방위(四正方位)와 사유(四維)의 건(乾), 곤(坤), 간(艮), 손(巽)의 팔괘방위(八卦方位)가 있다.

팔괘(八卦) 팔방위(八方位)가 정방위(正位置)로 되었으니, 양(兩) 글자는 팔괘방위(八卦方位)에 소속(所屬)되어 삼자가 일괘(一卦)되어 팔방위(八方位)로 보도록 된 것이 양택패철(陽宅佩鐵) 사용법이다.

기(氣)는 팔방위(八方位)에 종(從)한다. 팔괘방위(八卦方位)가 가장 기(氣)가 왕(旺)한 위치(位置)인 것이다. 문(門), 주(主), 조(灶)의 중요위치(重要位置)는 팔괘방위(八卦方位)에 닿도록 하는 것이 중요하다. 양자는 팔괘방위(八卦方位)에 부속(附屬)되는 글자이니, 기(氣)가 약(弱)한 것으로 생각해라.

음양(陰陽)으로 구별(區別)된 동서사택(東西舍宅)의 구별표시(區別標示)는 양택패철(陽宅佩鐵)도 외곽(外郭)에 서사택방위(西舍宅方位)는 음(陰)이라 흑색(黑色)으로 표시(標示)했고, 동사택(東舍宅)은 양(陽)이라 적색(赤色)으로 표시(標示)되며, 동사택(東舍宅), 서사택(西舍宅)이라 쓰여있다.

(6) 동사택(東舍宅)

坎 : 壬子癸 中男 一 六 水
감 : 임자계 중남 일 육 수

離 : 丙午丁 中女 二 七 火
리 : 병오정 중녀 이 칠 화

震 : 甲卯乙 長男 三 八 木
진 : 갑묘을 장남 삼 팔 목

巽 : 辰巽巳 長女 三 八 木
손 : 진손사 장녀 삼 팔 목

(7) 서사택(西舍宅)

乾 : 戌乾亥 老父 四 九 金
건 : 술건해 노부 사 구 금

坤 : 未坤申 老母 五 十 土
곤 : 미곤신 노모 오 십 토

艮 : 丑艮寅 少男 五 十 土
간 : 축간인 소남 오 십 토

兌 : 庚酉辛 少女 四 九 金
태 : 경유신 소녀 사 구 금

　　남녀(男女)로 음향오행(陰陽五行), 화복(禍福)을 추리(推理)한다. 수화상극(水火相剋)은 배합사길조(配合舍吉兆)로 추리(推理)한다. 부배합(不配合)일 때는 흉조(凶兆)로 추리(推理)한다.

(8) 라경고정(羅經固定)

　　독립가옥(獨立家屋)일 때는 건물(建物)의 평면평수(平面坪數)와 정원평수(庭園坪數)가 상반(相半)된다. 정원(庭園)이 정사각형(正四角形)일 때는 정원중심점(庭園中心點)에 패철(佩鐵)을 고정(固定)한다.
　　정원(庭園)이 작을 때는 총 대지(垈地)의 중심에 패철을 고정한다. 건물(建物)보다 정원(庭園)이 삼배(三拜) 이상 클 때나, 정원(庭園)답지 않게 작을 때는 정원(庭園)이 허(虛)한 상이니, 없는 것으로 하고 건물(建物)의 중심에 패철(佩鐵)을 고정(固定)한다. 아파트, 점포, 사무실 등은 건물내부중심(建物內部中心)에 패철(佩鐵)을 고정(固定)힌다.

(9) 주기두(主起頭)

주(主) 또는 기두(起頭)는 건물구조(建物構造)에 높고, 넓고, 알찬 곳을 가려 주(主) 또는 기두(起頭)로 정한다.

(10) 추리법(推理法)

동사택(東舍宅)은 양(陽)이라 귀(貴)의 발복후(發福後) 부(富)가 발복(發福)한다. 서사택(西舍宅)은 음(陰)이라 부(富) 먼저 발복(發福)한다.

대문(大門)은 양(陽), 양(陽)은 귀(貴)와 남자(男子)이다.
정원(庭園)은 음(陰), 음(陰)은 재와 여자(女子)이다.
정원(庭園)과 건물(建物)은 건물(建物)이 양(陽)이다.
대문(大門)과 건물(建物)은 건물(建物)이 음(陰)이다.

대문(大門)을 양방위(陽方位)에 배치(配置)하면 부귀속발(富貴速發)이고, 반대로 대문(大門)을 음방위(陰方位)에 배치(配置)하면 부우선(富于先)이다.

북향자대문(北向子大門)에 부자(富者) 나고,
남향오대문(南向五大門)에 부귀영화(富貴榮華)로다.

순양상가(純陽家相)에 초년속발(初年速發)하나, 년구(年久)하면 후손(後孫)이 끊기고 부녀(婦女)가 상(傷)한다. 순음(純陰)에 부발(富發)하나, 년구(年久)하면 후손(後孫)이 없고 부녀지가(婦女持家)한다.

음(陰)을 극(克)하면 부녀(婦女)가 상(傷)하고, 양(陽)을 극(克)하면 남자(男子)가 상(傷)한다. 쌍금(雙金)이 목(木)을 극(克)하면 장남(長男), 장녀(長女)가 상망(喪亡)한다. 화극금(火克金)에 소녀(少女), 노부(老父)가 상(傷)한다. 토극수(土克水)에 주인(主人)이 중풍(中風) 나고, 소남(少男)이 상(傷)한다.

수화상극(水火相剋)은 배합사택(配合舍宅)일 때는 길조(吉兆)이고, 부배합사택(不配合舍宅)일 때는 흉조(凶兆)다. 부배합사택(不配合社宅)에 순음(純陰)은 질병(疾病), 순양(純陽)은 관재구설(官災口舌), 재패(財敗), 건물(建物)이 대문(大門)을 극(克)하면 도적(盜賊)이 들어오지 못한다. 반대로 대문(大門)이 건물(建物)을 극(克)하면 주신(主身)이 상(傷)한다.

대문(大門)이 양방위(陽方位)고, 건물(建物)이 음방위(陰方位)면 선생남(先生男)한다. 반대로 대문(大門)이 음방위(陰方位)고 건물(建物)이 양방위(陽方位)면 선생녀(先生女)한다.

4. 방주측정(房廚厠庭)

- 고방(高房) : 중앙 후면
- 소방(小房) : 주위
- 귀문방(貴文房) : 건방(乾方)
- 문창방(文昌房) : 진방(震方)
- 거실(居室) : 중앙 전면
- 주측욕(廚厠浴) : 진곤건태(震巽乾兌)
- 지하실문 : 외부에 본 건물보다 작게
- 출입문 : 마주 보지 않게 문턱 없이
- 창문 : 북서방(北西房) 1/5, 남방 2/3, 동방 전부
- 비상구 : 뒷면
- 환기구 : 방의 천정보다 높게
- 창고 : 방과 통하지 않는 곳에 문을 만든다.

- ■ 차고 : 본 건물에 두지 말 것
- ■ 계단 : 완만한 경사, 중앙에 두지 말 것
- ■ 첨하 : 창문과 관계
- ■ 현관 : 중심 전면
- ■ 굴뚝 : 중심 후면

(1) 주방(廚房)

통풍 태양(太陽)빛 이용도 창문(窓門), 벽(壁), 수도(水道), 하수도 냄새, 계단 등을 살필 것. 주방이 들어서기 알맞은 방위로는 북서쪽, 북쪽, 동쪽이다. 다만 이때도 대문과 안방의 방위와 잘 어울려야 한다. 원래 부엌은 그 집안의 돈복을 좌우한다는 말이 있다.

좋은 방위, 그리고 청결과 밝은 조명으로 주방 위생에 신경을 쓰면 모르는 사이에 집안으로 돈복을 불러들이는 행운도 만나게 된다.

■ 부엌 위치 고려사항

주방은 가족의 건강을 위하여 중요하다.
주방은 깨끗하고 위생처리가 잘 되어야 한다.
주방이 출입구와 화장실 옆에 있는 것은 좋지 않다.
주방은 통풍이 잘 되어야 한다.
주방을 주 위치에 배치하는 것은 좋지 않다.

주방은 가상법에 맞도록 배치해야 한다.

주방은 여자 또는 재(財)로 본다.

주방에는 문이 설치되어야 한다.

주방에는 화재예방 기기가 준비되어야 한다.

(2) 정원(庭園)

정원(庭園)은 반듯하게 상(上)잔디 중(中)흙마당 하(下)콘크리트, 정원수는 담을 넘지 말 것, 넝쿨나무는 흉(凶), 고목 가시나무 흉(凶), 유실수동(有實樹東)쪽 침엽수일본(針葉樹一本), 유실수서(有實樹西)쪽 활엽수일본(闊葉樹一本), 돌은 매끈하고, 연못풀은 50평 택지에 1평이 좋다.

■ 정원 위치 고려사항

정원은 네모 반듯한 것이 좋다.

정원이 좁고 길고 각이 지면 공기 순환이 잘 안 된다.

정원에는 담장보다 부수건물이 있는 게 좋다.

정원에 큰 나무를 심는 것은 좋지 않다.

정원에 작은 나무를 심는 것은 무방하다.

정원에 석등이나 큰 인물석이 있는 것은 좋지 않다.

정원에 연못이나 우물이 있는 것은 좋지 않다.

정원에 비비 꼬이는 나무가 있는 것은 좋지 않다.

정원에 큰 돌이나 자갈, 콘크리트 등이 있으면 여름에 열기가 더한다.

정원에는 잔디를 심는 것이 좋다.

정원에 잡목이나 잡석, 큰 나무가 있으면 공기가 순환되지 않는다.

정원에는 담장이 있어야 정원으로 간주한다.

주 건물의 전후좌우에 정원이 두 개 있으면 산재(散財)한다.

(3) 장원(墻垣, 담장)

울타리는 석재, 토재, 철재, 흉가(凶家)에 통풍형 울타리, 길가에 밀폐 울타리, 차양수기 높은 울타리는 음(陰)이다.

■ 담장 위치 고려사항

담장이 너무 높으면 밖에서 의심한다.

담장이 너무 낮으면 내부가 다 보인다.

담장의 높이는 가상과 조화가 되어야 한다.

담장은 통풍성이 있는 게 좋다.

담이 높으면 외기(外氣)가 들어오지 못한다.

담장이 부속건물로 되어있으면 가상이 안정하다.

담장이 없으면 정원이 없는 것으로 간주한다.

담장은 바람, 먼지, 도적의 침입을 방지하는 데에 그 목적이 있다.

(4) 화장실

화장실의 용도는 원초적인 생리 문제를 해결하는 공간이다. 요즘 화장실이 갖춰야 할 조건들을 살펴보면, 우선 방위가 좋아야 하고, 조명, 환기시설, 청결이 양호해야 길한 화장실이 된다.

화장실은 일단 밝아야 한다. 밝아야 좋다고 눈이 부시게 밝은 불은 되레 흉하고 책을 읽을 만한 밝기면 족하다. 특히 변기 안에 괴인 물이 천장 불빛에 번쩍번쩍 반사가 되는 것은 아주 나쁘다. 또한 색깔 있는 등이나 요란스런 장식이 달린 호화 조명을 다는 것은 흉한 쪽으로 작용한다고 보면 틀림없다. 화장실의 냄새가 너무 강한 것도 좋지 않다. 있는 듯 없는 듯해야 좋은 것이다.

화장실의 자리로 가장 꺼리는 방위는 북쪽, 북동쪽이다. 만부득이 그곳밖에 자리가 없는 경우라도 정북이나 정북동이 지나는 자리는 피해서 변기를 놓아야 한다. 고혈압, 간 질환, 위궤양 같은 병이 자주 발생하고 가장이나 장남이 요절하는 집안 중에는 화장실을 흉한 방위에 설치한 경우가 많다.

집안 중심에서 보아 북서쪽인 건방(乾方)에 화장실이 있는 집. 원래 북서쪽은 가장(家長)이 머물러야 좋은 방위인데, 이곳에 화장실이 있으면 아버지의 위상이 흔들리고, 그 대신 어머니와 자식들의 기세가 등등해진다. 말하자면 내주장(內主張)이라 해서 부인이 집안을 휘감아 좌지우지하고, 자식들은 부모를 우습게 여겨 불효를 저지른다는 식이다. 또 집안의 북서쪽에 화장실을 만들면 가세가 기울고 손이 귀해지는 불이익도 받는다. 서쪽인 태방(兌方)은 주로 부인과 딸에 관련된 운이 작용하는 방위다.

서쪽에 화장실이 있는 집 여자들은 인정이 많아서 탈이다. 또 호흡기 질환, 위장병, 부인병 계통의 환자가 많다. 동쪽에 화장실이 있는 집은 맏아들이 화를 입는 경우가 많다. 품행이 난잡한 경우도 많고, 주색에 빠져 몸을 망치는 수가 많다. 남동쪽에 만든 화장실은 부인이 성욕이 강해져 남편이 감당할 수 없을 정도가 되기도 하고, 남의 눈이 있거나 말거나 외간 남자들과 어울리는 바람에 추문이 끊이질 않는다. 이밖에도 남쪽, 남서쪽, 그리고 집안 한가운데 화장실이 있는 집도 흉하다. 질병도 자주 발생하고 살아가는 데 여러 가지 횡액이 닥치게 된다.

화장실에 어울리는 길한 방위는 없다. 다만 해롭지 않은 방위를 찾는 것이 상책일 뿐이다. 화장실은 어느 방위든 그 방향의 중심선이 지나는 위치는 피해야 하는 것이 기본이다. 팔방위에는 '태기방'이라는 게 있다. 팔방위의 사이사이를 더 나눈 방위다. 이 방위는 기의 흐름과 조화가 매우 순조로운 편이어서 해를 끼치는 확률이 적다. 부득이 해로운 방위에 화장실을 만들 때도 최소한 변기가 놓이는 자리는 '태기방'이어야 한다. 주방도 마찬가지다. 가스레인지나 곤로 같은 불을 다루는 도구는 어김없이 태기방에 놓여야 화를 면할 수 있다.

결론적으로 화장실은 무엇보다 밝고 청결하게 하고 너무 요란스레 치장을 하는 것보단 단순하고 깨끗한 쪽이 좋고, 특히 흉하지 않은 방위를 찾아 설치해야 한다.

■ 화장실 위치 고려사항

화장실은 깨끗하고 냄새가 나지 않아야 한다.
화장실은 대문과 마주 보면 좋지 않다.
화장실을 집 중앙에 배치하는 것은 좋지 않다.
화장실을 동일사택(同一舍宅)에 배치하면 좋지 않다.
방위는 정(正) 방위보다 간(間) 방위가 좋다.
화장실은 통풍과 환기가 잘 되어야 한다.

5. 신풍정수(神風精水)

산(山)골짜기는 음(陰)한 습풍(濕風), 질풍(疾風)이 불기 때문에 건강에 나쁘니 피해야 한다! 이런 곳에서 오래 살면 재산이 흩어지고 음(陰)이 강(强)하여 남자(男子)가 상하며 과부가 되는 곳이다. 이런 곳에 사는 사람들은 고생하며 남자가 맥을 못 쓰고, 과부가 된 사람이 많아 여기를 떠나야 한다. 삼년(三年)을 넘기지 못하고 패가(敗家), 절손(絶孫), 파산하여 망하고 고향(故鄕)을 떠나간다.

풍(風)이 얼마나 중요(重要)한가를 알 수 있다. 사철 따라 자연(自然)의 순풍이 좋다. 산(山)골짜기 풍(風)은 어떤 바람이든 모두 나쁘다. 이와 마찬가지로 큰 건물 사이에서 부는 바람도 나쁘다. 막다른 골목 집도 바람이 음풍(陰風), 질풍(疾風)으로 변하여 몰아치기 때문에 나쁘다.

산(山) 위의 집도 바람이 너무 세게 불기 때문에 인간에 미치는 영향이 좋지 않다. 여름에는 시원하고, 겨울에는 따뜻하게 보호되는 장소가 좋은 보국(保國)을 이룬 명당(明堂)이라 할 수 있다.

물은 흐름이다. 집터에 물이 많으면 나쁘다. 지반이 약하고 질병(疾病)이 많게 된다. 너무 건조해도 나쁘다. 더러운 물이 가까이 있어도 나쁘다. 주위에 맑은 생수(生水)가 나는 곳이 좋다.

물이 집을 감싸고 돌아가는 곳이 좋으며, 집을 충(沖)하면서 흘러가면 나쁘다. 물이 둘러 감싸주는 도시나 마을이나 집이 좋으며, 보국(保國)이 되고 감싸주어야 좋은 곳이다. 반대되는 곳은 항상 물의 충(沖)을 받아 재물(財物)의 손해와 질병이 생기고 인심이 나쁘다. 물줄기가 흘러가는 곳이 보이지 않는 곳이 좋다. 물은 정면 앞으로 들어오면 나쁘다.

산(山)은 양(陽)이고, 물(水)은 음(陰)이니, 산수(山水)가 조화(調和)된 곳이라야 좋은 곳이다. 음(陰)이 많으면 여자(女子)가 득세하고 남자(男子)가 허약하며, 양(陽)이 많으면 남자(男子)가 득세하고 여자(女子)가 힘을 펴지 못하게 된다.

산도 수도 음과 양이 있다. 더럽고 오염된 물은 흉(凶)하고, 깨끗한 물이 좋다. 쌀독에서 인심 난다. 먹을 것이 풍부해야 남을 도울 수 있고 좋은 인심이 나온다.

보국(保國)이 좋고 풍수(風)水가 좋으면 자연(自然)히 생활(生活)이 안정(安定)되고 산업(產業)이 발전(發展)되어 좋은 인심이 나는 법(法)이다.

보국(保國)이 나쁘면 살기가 힘들게 되니 자연 인심이 나빠진다.

부자(富者) 마을이라도 인심이 나쁜 곳도 있고, 못 사는 마을이라도 인심(人心)이 좋은 곳이 있다. 착한 친구는 사귀고 나쁜 친구는 사귀지 말라고 한다. 파란 물감에 흰 종이를 담그면 파랗게 물들게 마련이다.

악한 사람 옆에 있으면 자연히 악하게 되고, 순박한 사람 곁에 있으면 저절로 순박하게 되기 마련이다. 이와 마찬가지로 자연환경에 따라 부귀빈천의 영향을 받게 마련이다.

산수(山水)의 보국(保國)이 잘 된 곳은 인심이 좋다. 인심이 좋아야 인생(人生)의 삶을 오래도록 이을 수 있고, 편안히 살 수 있다. 아무리 좋은 가상이라도 길이 나쁘면 왕래가 불편하다. 교통이 편하고 큰 도로에서 멀지 않은 곳에 차가 들어갈 수 있는 길이 있어야 한다.

(1) 지세(地勢)

산정상(山頂上)엔 정자나 지을 일이지, 상주가옥(常住家屋)은 아니 된다. 이런 곳은 고립무원(孤立無援, 남과 사귀지 않거나 남의 도움을 받을 데가 전혀 없음)에 살풍(殺風)을 맞으니 흉지(凶地)로다.

움푹 들어간 소형분지(小形盆地)는 풍화수재(風火水災)를 당하기 쉬운 곳이니 흉지(凶地)다. 사방보다 약간 높지만 넓은 평지나, 사방보다 조금 낮지만 넓은 평지는 무방하다. 절벽 위나 절벽 아래도 흉지다.

집 앞에 높은 집이 있으면 평지라도 북저남고(北低南高) 지세(地勢)와 같이 흉(凶)하다. 경사가 심하지 않은 곳, 경사가 심해도 북(北), 북서(北西)가 높은 지세가 길(吉)하다. 삼면(三面)이 막히고 한 면(面)이 트인 좁고 긴 골짜기도 흉(凶)하다. 넓은 평지에 뒤에 산으로 둘러 감싸면 길(吉)하다.

(2) 지질(地質)

용관귀천(龍管貴賤, 위치의 집터를 용(龍)이 머물고 있는 자리)이라 하여, 지역주민이 일률적으로 귀인(貴人)이나 천민(賤民)으로 되는 영향력이 있다. 상류층(上流層)이 사는 지역과 하류층(下流層)이 사는 지역은 동서양 할 것 없이 자연적으로 조성되어 왔다.

양택(陽宅)의 길흉(吉凶)은 지세(地勢)에 좌우되지만, 지질(地質)의 영향도 크다. 사관수요(砂管壽夭)라 하여, 지질(地質)에 따라 수명(壽命)에 영향을 미친다.

양택지(陽宅地)는 생지(生地)라야 하는데 늪을 매립했거나 공장이었던 곳은 흉지(凶地)다. 이런 곳은 표토(表土)를 두어 자 긁어내고, 생토(生土)를 서너 자 덮어야 한다.

연못이나 침수지역에 집을 지어 오래 살면 병자가 생긴다. 좋은 지질은 습도가 알맞게 보존되고 너무 건조하거나 너무 습한 토질도 흉하다. 암석(岩石)이 많거나, 점토(粘土)가 너무 많거나, 사토(砂土)가 많아도 나쁘다. 점토와 사토가 알맞게 조화된 토질이 습기를 알맞게 함유하여 길하다. 사토견칙정천역청렬(砂土堅則井泉亦淸洌)이니, 모래가 알맞게 섞인 샘물을 이름이다.

자갈이 조금 섞인 흙은 무방하나 자갈이 많으면 흉하다. 자갈이 둥글게 닳아서 매끈한 것이 섞였으면 무방하나, 날카로우면 흉하다. 잡목, 잡초가 잘 자랄 수 있는 부식토(腐蝕土)가 황갈색(黃褐色)이나 검붉으면 흉(凶)하다. 변소, 우물 자리는 오물이 배어든 흙과 우물 벽의 토석을 파버리고, 생토(生土)가 이어지게 한 후에 메꾸어야 한다.

쓰레기나 두엄을 쌓아두었던 곳은 생토(生土)가 나올 때까지 흙을 제거한 후에 서너 자 정도 생토(生土)를 깔아야 한다. 풀이나 나무뿌리는 완전히 제거해야 한다. 뿌리를 남겨둔 채 집을 지으면 흉한 일이 자주 생긴다.

(3) 대지(垈地)

산(山)이 서기(瑞氣) 양명(陽明)하고 깨끗하면 부귀(富貴)하듯이 집과 땅도 깨끗하고 좋아야 한다. 매립(埋立)지보다는 생토(生土)가 좋다. 생토중(生土中)에서도 습기(濕氣)가 너무 많거나, 너무 건조(乾燥)한 곳은 나쁘고, 비석비토(非石非土)의 땅이 좋다.

배수(排水)가 잘 되어야 하고, 풍화(風化)가 잘 조화(調和)된 생토(生土)가 좋다. 매립지(埋立地) 위에 집을 지으려면 생토(生土)를 많이 깔수록 좋다. 대지(垈地)는 너무 비탈져도 나쁘고, 굴곡(屈曲)이 많아도 나쁘다. 삼각형(三角形)이나 비뚤어진 대지(垈地)는 나쁘다.

너무 경사(傾斜)져도 나쁘다. 대지(垈地)가 나쁘면 여자(女子)에게 잔병이 많고, 재물(財物)이 안정(安定)되지 못하다. 연못이 있어도 나쁘다. 대지(垈地)가 너무 좁아도 나쁘고 반듯해야 좋다.

(4) 건평(建坪)

건물(建物)은 양(陽)이고 정원(庭園)은 음(陰)이다. 음양(陰陽)은 대등해야 한다. 대지(垈地)의 반이 건평(建坪)의 최대치다. 양(陽)이 적고 음(陰)이 많으면 허전하고 공허하며, 불안감이 들고, 재물(財物)이 늘지 않고, 여자(女子)가 득세하며, 병(病)에 걸린다.

건물(建物)이 너무 크고, 정원(庭園)이 너무 작으면 남자(男子)가 득세(得勢)하고 여자(女子)는 약(弱)해 비천하고 질병(疾病)이 생긴다.

정원(庭園)과 건평(建坪)의 비율이 똑같아야 좋다. 대지(垈地) 위에 건물(建物)을 지을 때는 방향(方向)을 잘 맞추어 지어라, 건물(建物)은 한쪽으로 몰아서 지어라. 가운데 건물(建物)이 있으면 앞뒤 양(兩) 옆에 정원이 있어서 재물(財物)과 부인(婦人)이 나뉘게 되니 나쁘다. 방향(方向)을 맞추기 위해서 한쪽에 조금 치우치는 것은 큰 상관이 없다.

(5) 부속건물(附屬建物)

　임금이 있으면 신하가 있듯이 주(主)되는 건물(建物)이 있으면 부속건물이 있는 것이 좋다. 부속건물도 좋은 방향에 두는 것이 좋다. 부속건물은 본(本) 건물보다 낮고 작아야 한다.
　부속건물이 높고 크면 하인이 주인행세(主人行勢)하고 주인(主人)은 무기력해진다. 하인(下人)에게 모든 주권이 넘어간다. 본체(本體)와 부속건물이 똑같으면 한 집에 주인(主人)이 둘이 되어 싸우고 큰 병(病)을 앓게 된다.

(6) 도로(道路)

　길도 물로 생각하라. 도시의 길은 택지(宅地)의 중요한 요건(要件)이다. 막다른 골목의 집은 가장 흉(凶)하다. 사람, 바람, 물이 다니는 곳이 길(吉)이다.

(7) 택지(宅地)

　집터는 네모 반듯해야 길(吉)하고 요철(凹凸)이 심하면 흉지(凶地)다. 요철(凹凸)이 심한 방위(方位) 따라 길흉(吉凶)이 다르게 나타난다.

삼각형은 신경쇠약, 노이로제, 범죄자, 정신병이 생긴다.

前窄後寬 富貴如山
전착후관 부귀여산

前寬後窄 失印逃走
전관후착 실인도주

窮苦不利 才短乏嗣
궁고불리 재단핍사

앞이 좁고 뒤가 넓어도 차이가 심하면 길(吉)하다 흉(凶)해진다.
전착후관(前窄後寬)한 음식점은 언제나 손님이 많고,
전관후착(前寬後窄)한 음식점은 언제나 한산하다.
직사각형의 한 변이 이웃 변의 두 배 이상은 길(吉)하지 못하다. 이런 곳은 신장 위축이 파격적이다. 이는 균형의 조화(調和)를 잃었음이다.
북동간(北東艮) 또는 남서곤(南西坤) 방향(方向)으로 지나치게 길면 흉지(凶地)다. 정사각형의 대지(垈地)는 종교가, 철학자, 은퇴한 노인의 은둔지로 비활동이다. 정사각형의 대지에 오래 살면, 발전(發展)과 향상에 지장이 생긴다. 오각형 이상은 너무 둔각이고, 삼각형은 지나치게 날카로워 흉(凶)하다. 요철(凹凸)이 심한 집은 재난(災難)이 따른다. 급사하거나 파산하는 경우가 허다하다. 택지에 결함이 있으면 그 집에 사는 사람이 불행해진다.

공공건물의 북동(北東) 모서리가 허하면 질병, 지능, 인격 등이 나빠져서 흉(凶)하다. 정동(正東)에 변소가 있어도 마찬가지다. 어버이는 친부모만이 아니라 태어나고 자란 곳도 어버이라 풍토를 중요시함이 동서양 가리지 않았다.

천재론을 저작한 롬브르소는 풍토와 기후가 천재와 위인을 낳아 길러준다고 주장했다. 맹자(孟子)는 거처하는 곳이 기(氣)를 바꾸어준다 하였다. 헤라크레토스는 거처하는 곳에 신(神)이 있다 하였다.

전고후저(前窄後低)한 집터에서 오래 산 사람은 머저리다. 남동고(南東高) 북서저(北西低)한 집터에서 오래 사는 사람은 머저리다. 북(北)과 남(南)에 수기(水氣)가 태과(太過)한 집터에서 오래 사는 사람은 머저리다.

(8) 담장

담 안에 깊고 큰 연못이 있으면 담은 낮아야 한다. 이런 집에 담이 높으면 반드시 흉(凶)하고 낮은 통풍형 울타리가 바람직하다. 연못이 본채에 가깝거나 연못이 어른 키 이상 깊거나, 평면이 넓거나, 연못 물이 흐르지 않아 썩거나, 연못이 출입문이나 창문에 가까우면 흉(凶)하다.

(9) 증개축(增改築)

집의 증개축은 금기사항이 많다. 새 건물의 수리는 큰 탈이 없다. 이십 년 이상 된 집의 수리는 연도와 주인 생년이 영향이 생긴다. 부엌을 수리하면 주부(主婦)가 흉(凶)하다. 살면서 내부를 크게 수리함에 기둥과 벽을 갈면 흉(凶)하다.

대문의 변동은 반드시 길흉(吉凶)이 빠르고 영향력이 가장 크다. 오래된 집의 지하실은 아주 흉(凶)하다. 단층을 살다가 증축하면 흉(凶)하다.

기류(氣流)의 변화를 좌우하지 않는 사소한 수리는 영향력이 적다. 부속건물(附屬建物)의 증개축은 길흉(吉凶)이 생긴다. 정원(庭園)의 수리는 내부 공사보다 영향력이 적다. 집을 비워놓고 수리한 후에 입주하면 된다.

6. 가상오요(家相五要)

사람이 집에서 살려면 항상 드나드는 대문(大門)이 중요하고, 먹어야 하니 조(灶, 부엌)가 중요하다. 그 집의 주(主, 중심주), 즉 힘을 제일 많이 받는 곳이 중요하다. 문(門), 주(主), 조(灶)는 항상 좋은 방향과 길방(吉方)에 놓아야 하며, 그렇지 못하면 불길(不吉)하다.

변소(便所, 화장실)는 가장 나쁜 방향으로 멀리 있어야 재물(財物)이 모이게 된다. 사람이 사는 곳은 길방(吉方)을 택하고, 창고와 변소는 흉방(凶方)이라도 괜찮다.

주인방은 제일 큰 힘을 받는 곳에 있어야 한다. 일자(一字) 집은 가운데를 고방(高房)으로 정하고, 기억자(字) 집은 모난 곳에 고방(高房)을 정해야 한다.

정원(庭園)은 깨끗하고 보기도 좋아야 한다.

정원(庭園)에 연못이 있으면 재물(財物)이 나쁘다.

정원(庭園)에 집보다 높은 나무가 있으면 나쁘다.

담장을 기어 올라가는 것은 잡귀가 자꾸 달라붙는 격이다. 정원(庭園)에 보기 싫고 삐죽삐죽 흉악(凶惡)한 돌도 나쁘다. 미끈하고 둥글둥글한 귀석은 좋다.

대문(大門)은 제일 좋은 길방에 내야 하고, 대문 주위는 항상 깨끗해야 한다. 지저분하면 지저분한 것이 드나든다. 쓰레기는 쓰레기끼리 있어 더러운 곳에 버려지듯이 지저분하면 안 된다.

대문(大門)이 뒷마당으로 드나들면 항상 떳떳하지 못하게 지내며, 재물(財物)의 유통도 나쁘다. 대문(大門)을 드나들 때 허리를 펴고 드나들 수 있어야 한다. 집에 비해서 너무 큰 것도 너무 작아도 나쁘다.

대문(大門)을 들어서자마자 움푹 패인 것도 나쁘다. 정원(庭園)은 음(陰)에 해당되며 여자(女子)이기 때문에 정원(庭園)은 항상 깨끗하게 가꾸어야 한다.

(1) 형상(形相)

집 모양은 단정 서기하고, 깨끗하고, 안정(安定)되어야 하고, 부귀(富貴)해야 한다. 너무 복잡하고 사치스럽거나, 너무 초라하고 흉(凶)하게 보여서는 안 된다. 집의 구조가 너무 복잡해도 나쁘다. 이런 곳에 사는 사람들은 정신적으로 괴팍스럽고, 정신병으로 고생하는 사람이 많다.

건평(建坪)은 좁은데 대나무처럼 건물을 높이 올려도 나쁘다. 한쪽은 높고 한쪽은 낮아도 나쁘다. 좌우전후(左右前後) 균형(均衡)이 맞아야 한다. 축대가 너무 높으면 나쁘다.

부귀상(富貴相)이란 건평의 넓이에 적당히 넓고 높게 지어진 것이다. 그러면 부귀(富貴)가 모인다. 담이 너무 높아도 나쁘고, 너무 낮아도 나쁘다. 담이 없으면 벌거벗은 사람과 같으니 흉(凶)하다.

(2) 아파트(APT)

아파트는 생활이 편리하여 여자에게 좋으나, 문(門)을 중심으로 방(房), 부엌의 배치를 잘하여야 한다. 사람은 지기(地氣)를 가깝게 하는 것이 좋다. 집은 아담해야 길(吉)하고, 너무 넓어 허전하거나 빈 것 같아도 나쁘다. 너무 좁아도 나쁘다.

(3) 사무실(事務室)

빌딩의 사무실도 문(門)을 중심(中心)으로 길(吉) 방위에 따라 책상의 자리를 정하여야 한다.

서(西)쪽이 길(吉)하면 소재운(小財運)이지만 북서(北西)쪽은 대재운(大財運)이다. 북서(北西)쪽이 길(吉)한 집은 사주상 재운(財運)이 박한 사람이라도 어느 정도 윤택하고, 사주상 재운이 강한 사람은 대재발(大財發)하고 이런 집에서 태어나면 사주도 좋다. 남자는 현숙한 부인을 얻는다.

제5장

팔괘론
(八卦論)

1. 감정북(坎正北)

　감(坎)은 수(水), 중남(中男), 임자계(壬子癸), 겨울 23시부터 1시까지, 흑색(黑色), 짠맛, 일(一), 육(六), 함(陷), 철학, 승려, 외교가, 신장(腎臟), 성기(性器), 방광(膀胱), 자궁(子宮) 등의 생식기(生殖器), 새끼발가락, 발바닥, 북(北), 흐름, 모임, 시작(始作), 사귐, 곤란(困難), 낮음, 어두움, 구멍, 가난(家難), 질병(疾病), 도적(盜賊), 임신(妊娠), 색정(色情), 고뇌(苦惱), 잠재(潛在), 화합(和合), 애정(愛情), 평화(平和), 생식기(生殖器)이다.

　집의 북(北)쪽이 길(吉)하고 흉(凶)이 없으면 건강(健康)하고 자손(子孫)이 번성(繁盛)한다. 물은 만물(萬物)의 어미라 수기(水氣)의 과부족(過不足)이 생식력(生殖力)을 좌우(左右)한다.

(1) 간북동(艮北東)

　간(艮)은 양토(陽土), 산(山), 소남(少男), 축간인(丑艮寅), 늦은 겨울과 초봄 1시부터 5시까지, 황색(黃色), 감미(甘味), 오(五), 십(十), 산(山), 지(止), 상속자, 밤과 낮의 경계, 친척(親戚), 발등에 이상이 있으면 생가의 북동(北東)에 결함이 있다.

　코, 척추, 허리, 관절, 산(山)이라 정지(停止), 밤과 낮의 갈림길이니 변화(變化), 개혁(改革), 생멸(生滅), 종말(終末), 부활(復活), 재기(再起), 교환(交換), 개시(開始), 저축(貯蓄), 축재(蓄財)이다.

　북동(北東)이 이빨 빠진 모양의 생가(生家)거나 오래 살면 경제적(經濟的) 구제불능자(救濟不能子)가 된다.

　북동(北東)이 철(凸)하면 부자(父子), 형제(兄弟), 친척(親戚) 간이 원만(圓滿)하여 경제협동(經濟協同)이 잘 되어 번성(繁盛)한다. 동지(冬至)가 가장 추운 것이 아니라 간월(艮月) 간시(艮時)가 가장 춥다. 남성(男性)은 여성(女性)보다 추위를 이기지 못하니 간방(艮方)을 남귀문(南貴門)이라 한다. 북동(北東)은 음쇠양성(陰衰陽盛)하는 경계로 추위에서 해방되고 깊은 잠에 빠지는 시각이다.

(2) 진정동(震正東)

　진(震)은 양목(陽木), 소목(小木), 장남(長男), 갑묘을(甲卯乙), 중춘

(中春) 5시부터 7시까지, 록색(綠色), 산미(酸味), 삼(三), 팔(八), 우레(雨雷), 동(東), 교환수, 아나운서, 레코드점, 음악가, 간(肝), 족, 엄지발가락의 둘째 마디, 진(進), 승(昇), 성(聲), 발(發), 개(開), 신(新), 인(仁), 진위족(震爲足), 머리는 하늘, 발은 땅, 진(震)은 집발에 속한다.

인체(人體)가 소우주(小宇宙)라면 발은 소우주중(小宇宙中)의 소우주(小宇宙)다. 동(東)쪽이 흉(凶)한 집에서 태어나거나 오래 산 사람은 엄지발가락이 과허(過虛)하거나 과실(過實)하다.

(3) 손남동(巽南東)

손(巽)은 음목(陰木), 대목(大木), 장녀(長女), 진손사(辰巽巳), 늦은 봄과 초여름 7시부터 11시까지, 자색(紫色), 산미(酸味), 삼(三), 팔(八), 풍(風), 인(入), 장녀(長女), 부인(婦人), 중개인, 나그네, 재목상, 안내인, 선박업, 무역업, 운수업, 왼손, 왼팔, 쓸개, 손위고(巽爲股)이라 다리이고, 머리카락, 기관지, 식도, 신경, 조화, 생장, 원처, 냄새, 결혼, 활력, 충실, 연애, 신용, 출입, 왕래, 정리, 해산, 온순, 여행, 엄지발가락의 첫째 마디이다.

남동(南東)이 흉(凶)하면 장녀(長女)가 흉(凶)하고
남동(南東)이 길(吉)하면 무역업이 유리하다.

(4) 리정남(離正南)

　리(離)는 화(火), 중녀(中女), 병오정(丙午丁), 한여름 11시부터 13시까지, 빨강, 고미(苦味), 이(二), 칠(七), 화(火), 려(麗), 지(智), 미인(美人), 중녀(中女), 학자(學者), 화장품(化粧品), 미장원(美粧院), 미용사(美容師), 서적상, 출판업, 이발사, 저술가(著述家), 서예가(書藝家), 화가(畫家), 안과(眼科), 감정가, 재판관(裁判官), 교사(敎師), 경찰(警察), 기자(記者), 심장(心臟), 소장(小腸), 눈, 머리, 유방(乳房), 불화재(火災), 열(熱), 휘황찬란, 광명, 발견(發見), 로출(露出), 권위(權威), 이별(離別), 사퇴(辭退), 탈퇴(脫退), 수술(手術), 절단(切斷), 예술(藝術), 깨짐, 싸움, 성급, 영전(榮轉), 격열(激烈), 승진(昇進), 명예(名譽), 화려(華麗), 둘째발가락이 엄지발가락보다 길면 지능이 높다.

(5) 곤남서(坤南西)

　곤(坤)은 음토(陰土), 대지(大地), 평지(平地), 모(母), 미곤신(未坤申), 늦여름과 초가을 13시부터 17시까지, 황색(黃色), 감미(甘味), 오(五), 십(十), 순모(順母), 주부(主婦), 처(妻), 늙은 여인, 빈곤(貧困), 무식(無識), 열등(劣等), 비위(脾胃), 복부(腹部), 우수(右手), 배꼽 가운뎃발가락의 첫마디, 부(無), 허(虛), 인색, 혼미(昏迷), 혼란, 무기력(無氣力), 실망(失望), 관용(寬容), 자본, 정지(停止), 순종(順從), 변화(變化), 생육(生

育), 근로(勤勞), 인내(忍耐), 우울(憂鬱), 회집(會集), 다대(多大)이다.

태양의 고도가 가장 높을 때가 하지(夏至)다. 그러나 가장 더운 때는 대서(大暑) 인곤(坤)이고, 하루 중 가장 태양의 고도가 높을 때는 정오(正午)지만 가장 더운 때는 15시 전후다. 이때가 곤시(坤時)다. 남자(男子)보다 더위에 약(弱)한 여자(女子)라 남서방(南西方)을 여귀문(女鬼門)이라 한다. 건도성남(乾道盛男) 곤도성녀(坤道盛女)라 한다. 만물의 어머니가 땅이다. 광녀(狂女)는 토왕절(土旺節) 곤(坤)인 여귀문방(女鬼門方)이다.

(6) 태정서(兌正西)

태(兌)는 음금(陰金), 소녀(少女), 경유신(庚酉辛), 가을, 서방(西方), 유월 17시부터 19시까지, 백색(白色), 연못, 기쁨, 열(悅), 귀가하여 가족과 나누는 즐거운 시기다. 해질 무렵 서쪽은 즐거움, 기쁨이니 태방(兌方)이 길(吉)하면 즐거움이 많다. 연못은 움푹 들어가 물이 고이니 부족을 암시한다. 남동(南東)과 서는 결혼 운세와 막내딸을 의미한다.

(7) 건북서(乾北西)

건(乾)은 양금(揚金), 부(父), 술건해(戌乾亥), 늦가을에서 초겨울 19시부터 23시까지, 회색(灰色), 신미(辛味), 사(四), 구(九), 천(天), 건(乾), 하늘은 높고 존귀(尊貴)하고 크고 넓어 존귀, 신성(神聖), 고급, 권위(權威), 충실(充實), 권력(權力), 완전(完全), 지배(支配), 하늘은 지구를 감싸니 덮다, 베풀다, 성취, 기르다, 하늘은 활동하니 강건, 운동(運動), 전진(前進), 다망(多忙), 늦가을이니 수확(收穫), 축재(蓄財)이다.

북서(北西), 남서(南西)가 흉(凶)하지 않은 집에 사는 부부는 큰 문제가 생기지 않는다. 건방(乾方)이 길(吉)한 집 가장은 건강(健康), 권위가 있고, 가족(家族) 전원이 뭉쳐서 순조롭고, 특히 경제(經濟)에 성공(成功)한다.

서(西)쪽이 길(吉)하면 소재운(小財運)이지만 북서(北西)쪽은 대재운(大財運)이다. 북서(北西)쪽이 길(吉)한 집은 사주상 재운(財運)이 박한 사람이라도 어느 정도 윤택하고, 사주상 재운이 강한 사람은 대재발(大財發)하고 이런 집에서 태어나면 사주도 좋다. 남자는 현숙한 부인을 얻는다.

2. 나경패철(羅經佩鐵) 강희윤도

패철(佩鐵)은 음택(陰宅), 양택(陽宅)에서 모두 사용한다.

東舍宅 : 坎 離 震 巽
동사택 : 감 리 진 손

西舍宅 : 乾 坤 艮 兌
서사택 : 건 곤 간 태

　동사택(東舍宅)에 서사택(西舍宅)의 문(門)이 섞이면 부배합(不配合)으로 흉(凶)하다. 서사택(西舍宅)에 동사택(東舍宅)의 문(門)이 섞이면 부배합(不配合)으로 흉(凶)하다. 주(主)가 동(東)사택이면 문도 동사택(東舍宅)이고, 주(主)가 서사택(西舍宅)이면 문(門)도 서사택(西舍宅)이어야 배합사택(配合舍宅)으로 길(吉)하다.

(1) 측정법(測定法)

보통 집에서는 대지(垈地)의 중심(中心)에서 보아야 한다. 상점, 아파트, 사무실 같이 대문(大門)이 없는 경우는 그 집의 중심(中心)에서 본다.

(2) 가상삼요(家相三要)

가상삼요(家相三要)는 문(門, 대문), 주(主, 안방), 조(灶, 부엌)다. 문(門)이란 다니는 길, 주(主)는 거처하는 곳, 조(灶)는 음식을 만들어 먹는 곳이다. 양택(陽宅)은 먼저 대문(大門)을 보고 다음 주(主)와 조(灶)를 본다. 음양(陰陽)으로 보았을 때 대문의 위치가 음이면 안방의 위치는 양이 되어야 한다는 것이다.

동사택(東舍宅), 서사택(西舍宅)의 구별은 주방이 정위가 없고 고대(高大)한 것이다. 사택(四宅 : 東四宅, 西四宅)으로 보았을 때 대문의 위치가 동사택(東四宅)이면 안방의 위치도 동사택(東四宅)에 위치하여야 한다. 대문이 서사댁(西四宅)이면 안방도 서사댁(西四宅)이이야 한다는 것이다.

문(門)과 방(房)의 상생(相生)은 길(吉)로 판단하고, 상극(相克)은 흉(凶)으로 판단한다. 조(灶)는 양생(養生)의 곳으로 제일은 문(門)과 상생이요, 다음은 주(主)와 상생이다. 조(灶)만을 중요시하여 화복을 논하고, 문(門)과 주(主)의 생극(生克)하는 이치(理致)를 가볍게 버리면 정론이 아니다.

문(門), 주(主), 조(灶)가 필요하므로 문(門)이 주(主)를 생(生)하고, 주(主)가 조(灶)를 생(生)하고, 조(灶)가 문(門)을 생(生)하여 삼자(三者)가 서로 생(生)하고, 극(克)이 없거나 서로 비화(比和)되거나 택주(宅主)의 생명(生命) 복원(復圓)에 합이 되면 인구(人口)가 대왕하고 복수가 쌍존한다. 이 이치(理致)를 깊이 체득하여 이 도(道)에 뜻을 두는 사람은 반드시 기이한 것을 체험(體驗)하게 된다. 이 기이한 체험(體驗)을 자랑할 뿐 아니라 오직 여러 해 동안 익숙하게 읽어 팔택(八宅)을 힘써 오행(五行) 생극(生克)의 이치와 음양배합(陰陽配合)의 도(道)를 잘 깨우치면 절반은 넘을 것이다.

3. 질병(疾病)

① 목(木)이 극(克)을 당하면 년노자(年老者)나 년소자(年少者)는 직접(直接) 간(肝), 담(膽)에 병(病)이 생긴다. 건강자(健康者)는 심(心), 삼초(三焦), 정신병(情神病)이 생긴다.

② 동서혼합사택(東西混合舍宅)은 상생(相生)도 병(病), 상극(相克)도 병(病)이다.

③ 火心三焦小腸 화심삼초소장

④ 土脾胃 토비위

⑤ 金肺大腸 금폐대장

⑥ 水腎膀胱 수신방광

⑦ 木肝膽 목간담

⑧ 火入乾宮 老父傷 화입건궁 노부싱

⑨ 土入坎宮 中男傷 토입감궁 중남상

⑩ 木入艮宮 小男傷 목입간궁 소남상

⑪ 金入卯宮 長男傷 금입묘궁 장남상

⑫ 金入巽宮 長女傷 금입묘궁 장녀상

⑬ 水入午宮 中女傷 수입오궁 중녀상

⑭ 木入坤宮 老母傷 목입곤궁 노모상

⑮ 火入酉宮 幼婦傷 화입유궁 유부상

⑯ 純陰多疾病 순음다질병

⑰ 純陽財旺 無兒孫 순양재왕 무아손

⑱ 內克外 賊不入 내극외 적불입

⑲ 外克內 主身傷 외극내 주신상

⑳ 陰入陽宮 先生女 음입양궁 선생녀

㉑ 陽入陰宮 先生男 양입음궁 선생남

㉒ 金 : 咳嗽 膿瘡 骨痛 금 : 해수 농창 골통

㉓ 木 : 四脂不利 肝 膽 口眼渦斜 목 : 사지불리 간 담 구안와사

㉔ 火 : 頭痛 三焦 口渴 狂言 心 眼疾
   화 : 두통 삼초 구갈 광언 심 안질

㉕ 水 : 冷疾 白濁 腰腎 수 : 냉질 백탁 요신

㉖ 土 : 脾胃 黃 浮腫 토 : 비위 황 부종

㉗ 쌍동리(雙洞里)에서 쌍동(雙童)이 나고

㉘ 잠실(蠶室)에서 바글바글

㉙ 비상리(飛上里)에서 비행기(飛行機) 뜨고

㉚ 비하리(飛下里)에서 비행기(飛行機) 내린다.

㉛ 물 너머 재에서 물이 고개를 넘어가고

㉜ 수만리(水萬里)가 물에 잠기고

㉝ 온자(溫字)에서 온천(溫泉) 난다.

㉞ 금자(金字) 든 지명(地名)에서 금(金) 난다.

㉟ 산(山)은 산(山)대로 글은 글대로

㊱ 산자산(山者山) 서자서(書者書)

㊲ 길지(吉地)란 주인(主人)이 있어 인연(因緣) 따라가고

㊳ 부귀영화(富貴榮華)는 내 마음먹기에 달렸다.

㊴ 지극정성(至極精誠)이면 필유길지(必有吉地)라

㊵ 후손(後孫)에 부귀(富貴)가 틀림없는 자연환경(自然環境)의 이치(理致)다.

㊶ 金 : 咳 嗽 喘 血滄 骨痛   금 : 해 수 천 혈창 골통

㊷ 木 : 四脂不利 頭風 肝臟病, 風痰 血熱 口眼渦斜

　　목 : 사지불리 두풍 간장병, 풍담 혈열 구안와사

㊸ 火 : 頭痛腦熱 三焦口渴, 狂言妄語 陽症傷寒, 心腹疼痛 惡瘡眼疾

　　화 : 두통뇌열 삼초구갈, 광언망어 양증상한, 심복동통 악창안질

㊹ 水 : 冷症 遺精 白濁, 腰腎淋瀝 吐瀉嘔逆

　　수 : 냉증 유정 백탁, 요신임력 토사구역

㊺ 土 : 脾胃軟弱 黃疸浮腫   토 : 비위연약 황달부종

㊻ 金木 : 凶死 癲狂   금토 : 흉사 전광

㊼ 水土 · 不和   수도 : 불화

㊽ 木土 : 脾胃傷   목토 : 비위상

4. 산곡성시(山谷城市)

　양택(陽宅)은 산곡(山谷, 산과 산 사이의 우묵하게 들어간 곳)과 성시(城市, 사람이 많이 모여 북적거림)가 같지 않으니라. 산곡(山谷)은 선기봉주(先起奉主) 후택(後宅)이니, 용(龍)의 진기(眞氣)가 웅장하고 산환수포(山環水抱, 동북, 동, 동남쪽 세 방향에 울창한 산맥이 위치하고, 서쪽은 호수로 둘러싸인 곳)하면 대발(大發)하다.

　성시(城市)는 선택법주(先宅法主)하고, 후기봉(後起峯)하니 산곡(山谷)은 나 홀로이고, 성시(城市)는 여러 사람이 공동(共同)이니 삼년대길(三年大吉)하다.

(1) 양택총강(陽宅總絳)

京都以皇殿內成作主

경도이황전내성작주

경도(京都)는 황전내성(皇殿內成)을 주(主)에다 정(定)하고

省成以三司衛署作主

성성이산사위서작주

성성(省成)은 삼사위서(三司衛署)를 주(主)에다 정(定)하고

州縣以公堂作主

주현이공당작주

주현(州縣)은 공당(公堂)을 주(主)에다 정(定)하고

儒學以文廟作主

유학이문묘작주

유학(儒學)은 문묘(文廟)를 주(主)에다 정(定)하고

庵觀寺院以正殿作主

암관사원이정전작주

암관사원(庵觀寺院)은 정전(正殿)을 주(主)에다 정(定)하고

紳士白姓以高房作主

신사백성이고방작주

신사백성(紳士白姓)은 고방(高房)을 주(主)에다 정(定)하는 것이니

一院內數戶同居以灶作主 看吉凶

일원내수호동거이조작주 간길흉

일원(一院)에 수호(數戶)가 동거(同居)하면 조(灶)를 주(主)에다 정(定)하여 길흉(吉凶)을 보는 것이다.

독립가옥은 건물(建物)의 평면(平面)과 정원(庭園) 평수가 비슷하고 정원이 정사각형일 때 정원 중심에 고정한다. 정원이 작을 때는 총대지(總大地)의 중심(中心)에 고정한다. 정원이 너무 작거나 건물보다 삼배(三倍) 이상 클 때에는 정원이 없는 것이니 건물 중심에 패철을 고정한다. 사무실(事務室), 점포(店鋪), 아파트는 내가 사용하는 중심에 패철을 고정한다.

제6장

가상
(家相)

　명당택지(明堂宅地)라도 불배합사택(不配合舍宅)이나 가상(家相)이 허(虛)하거나 상반되면 불길(不吉)하다. 가족수(家族數)에 비해 가옥(家屋)이 너무 넓거나 적어도 나쁘다. 오인가족(五人家族)에 아파트는 40평, 단독주택엔 25평이 알맞다.

　가상(家相)에 가장 중요한 법(法)은 문주조(門主灶)가 배합사택(配合舍宅)으로 구성되어야 한다. 가상(家相)의 평면(平面)은 정사각형이 원형(圓形)에 가까우나 전후좌우(前後左右)의 구별(區別)이 없으니 건물의 평면은 가로 세로가 3 : 4가 되는 사각형이 길상(吉相)이다.

　정원(庭園)은 정사각형이 길(吉)하다. 원형순환(圓形循還)하는 공기(空氣)에서 인체(人體)에 이로운 공기(空氣)의 정기(精氣)로 변화(變化)한다. 길고 좁으면 흉(凶)한 살풍(殺風)으로 변한다. 아파트는 보극형세 따라 다르지만 3층 이하의 공기조화(空氣調和)가 알맞다. 지면에 가까울수록 길(吉)하다. 건강(健康)한 젊은이는 살풍(殺風)을 감지하지 못하지만 나이 많은 노인이나 허약자는 살풍에 민감하여 감지되며 오래되면 질병(疾病)에 걸린다.

활동(活動)하는 동안은 인체(人體)에 침입하는 불길(不吉)한 풍(風)을 이겨나가는 자체 방어력이 있으나 잠잘 땐 흉풍(凶風)이 오래되면 많은 장애가 생긴다.

원형순환(圓形循還)하는 공기에서 정신과 육체의 피로가 풀리고, 정신, 두뇌의 건강으로 영리하고 귀한 자손이 태어날 수 있으니 음양(陰陽), 상생(相生), 상극(相剋)의 조화이치(調和理致)로 공기순환이 잘 조화(調和)되는 보금자리로 길(吉)한 가상법(家相法)으로 지어 살아야 한다.

1. 구조(構造)

　가옥(家屋)은 문(門), 주(主), 조(灶), 측(廁), 정원(庭園)이 기본 요소다. 이중에서 가장 중요(重要)한 것이 문(門), 주(主), 조(灶)다. 문(門)은 정원(庭園)이 있을 때는 대문(大門)이며, 정원(庭園)이 없는 건물(建物)일 때는 출입구를 대문(大門)으로 간주한다. 주(主)는 건물(建物)의 중심(中心)으로 높고(高), 넓고(廣), 힘(旺) 있는 한 지점을 기두(起頭) 기점(起點) 주(主)라 한다.

　건물(建物)은 주(主)와 대문(大門)의 위치로 동서사택(東西舍宅)을 구별(區別)한다. 조(灶)는 음식(飮食)을 만들어 가족(家族)의 건강(健康)을 좌우(左右)하는 곳으로 중요(重要)하다.

　측(廁)은 화장실로 가옥(家屋)에서 멀수록 좋다. 대변은 음(陰) 중에 극음(克陰)이라 독가스가 풍기므로 대변을 참는 것은 몸속에 독약(毒藥)을 먹음과 같다. 문주조(門主灶)는 배합사택(配合舍宅)으로 하고 측

(厠), 욕실, 헛간, 창고는 배합사택(配合舍宅)으로 정함이 마땅하다.

(1) 길상(吉相)

사면(四面)이 반듯하여 집을 짓고도 정원(庭園)을 정사각형으로 만들 수 있어야 길(吉)하다. 길(吉)한 건물배치에서 부귀(富貴)가 난다. 지세(地勢)가 생긴 대로 배산임수(拜山臨水), 전저후고(前低後高), 전착후관(前窄後官)해야 한다.

정원(庭園)을 네모 반듯하게 하여 배합사택(配合舍宅)으로 정한다. 독채만 세우면 외로우니 부속건물을 낮게 배치하면 길(吉)하다. 대문(大門)이 건물(建物)에 비해 크거나 작아도 흉(凶)하다. 부속건물에 내외문(內外門)이 길(吉)하다.

옛날 대갓집엔 솟을대문(大門)을 두어 전착후관(前窄後官)으로 부귀(富貴) 여산이라. 정원(庭園)에서 기(氣)의 조화(調和)를 이용하고 대문(大門)을 귀(貴)로 보니 화려(華麗)해야 경사(慶事)가 겹친다.

(2) 흉상(凶相)

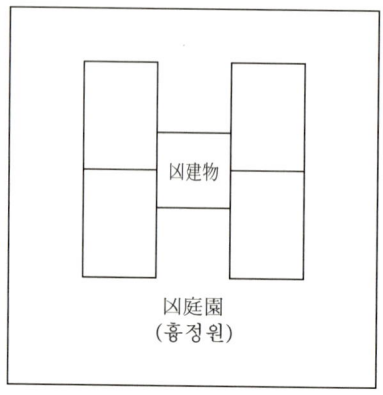

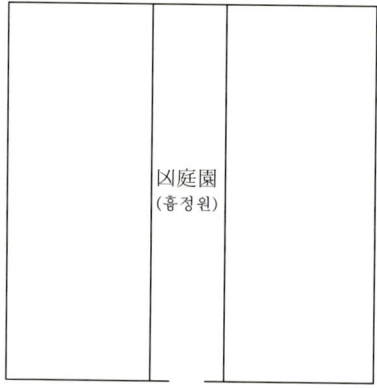

2. 개수(改修)

정사각형 대지(垈地)로 건물(建物)을 세우면 정원(庭園)이 좁아서 흉(凶)한 건물(庭園)이 되나 기억자 건물(建物)로 지어 정원(庭園)을 정사각형으로 건물(建物)에 알맞은 넓이가 되니 길(吉)하다.

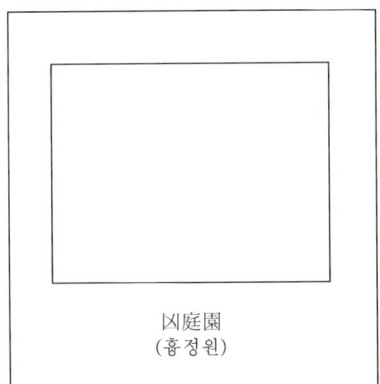
凶庭園
(흉정원)

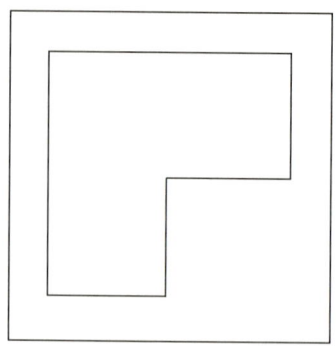

(1) 정원허(庭園虛)

정원(庭園)의 허(虛)한 공간(空間)은 건물(建物)을 지어야 길(吉)하다. 후원은 없어야 길(吉)하다.

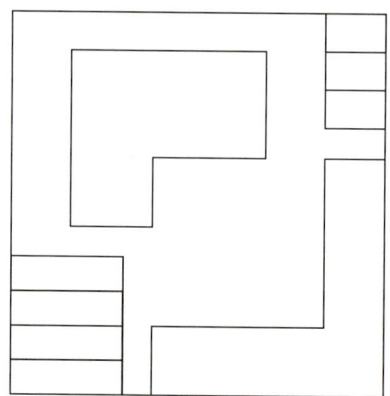

3. 흉기(凶器)

　삼각형(三角形)은 불순한 공기(空氣)로 흉풍(凶風)이 되니 불길(不吉)하다. 불순한 공기(空氣)로 불안정한 가옥(家屋)에서 살면 육신(肉身)과 정신(情神)에 흉풍(凶風)이 누적되어 해(害)가 따르며, 또한 비천한 자손(子孫)이 태어난다.

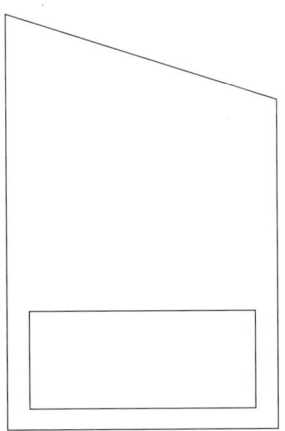

(1) 길기(吉氣)

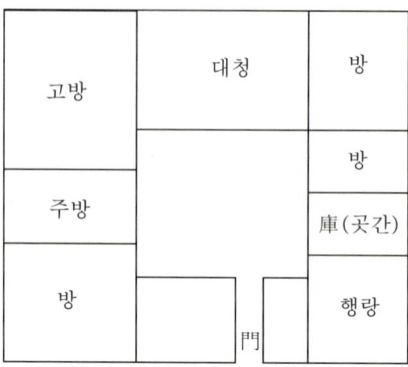

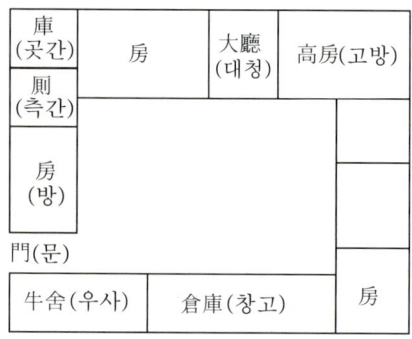

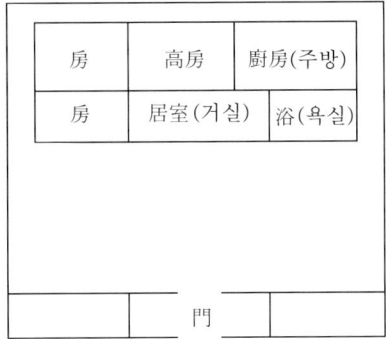

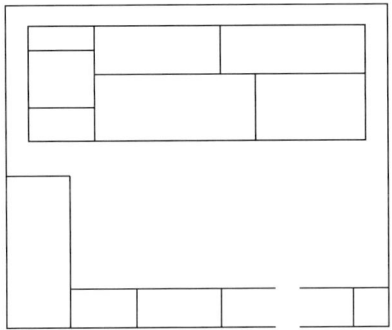

4. 기순환(氣循環)

　길(吉)한 가상(家相)은 건물(建物)이 후부하고 건물(建物)에 비교되는 정사각형의 정원(庭園)이 공기순환이 길(吉)하게 순환 변화(變化)된다. 건물(建物)이 흉상(凶相)이면 흉가(凶家)다. 삼면이 정원이 있으면 공기순환(空氣巡還)이 불순(不純)하여 인체에 흉(凶)한 공기(空氣)로 변하니 정신장애가 따른다.

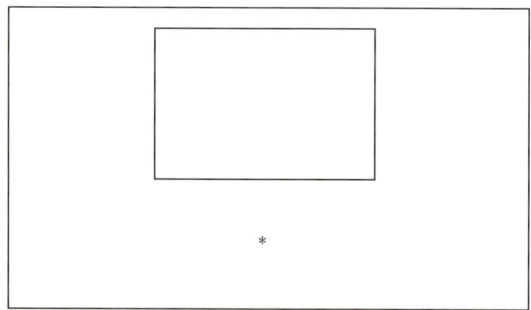

(1) 살기(殺氣)

건물(建物)이 높고 낮으면 높은 건물(建物)에 부딪치는 바람이 흉풍(凶風), 질풍(疾風)으로 변하여 살풍(殺風)이 된다. 한 원내 두 건물은 재패(財敗), 파산(破産)한다.

건물(建物)이 충(沖)하면 사람이 상한다. 정원(庭園)이 전후(前後) 좌우(左右)에 배치(配置)하면 처궁(妻宮)과 재산(財産)이 패(敗)한다. 앞 건물과 뒷 건물의 정원이 좁으면 길(吉)한 공기도 흉풍(凶風), 질풍(疾風)으로 변화되어 비천곤궁(卑賤困窮)하게 된다.

머리가 좋아지고 영리하고 착한 인물은 수면시(睡眠時) 공기조화(空氣調和)로 산천(山川)의 길(吉)한 정기(精氣)를 받는 데 기인한다. 잠자는 동안은 살아있는 사람의 자아의식(自我意識)이 가장 희박(稀薄)하므로 산천정기(山川精氣) 공기순환(空氣循環)을 가장 많이 받을 수 있으니 잠자는 고방(高房)이 가장 중요하다.

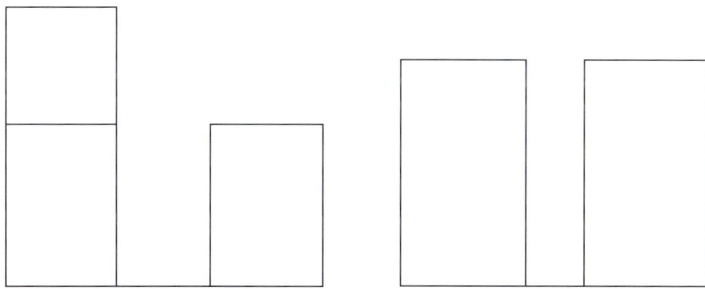

5. 패철고정(佩鐵固定)

　독립가옥은 건물(建物)의 평면(平面)과 정원(庭園) 평수가 비슷하고 정원이 정사각형일 때 정원 중심에 고정한다. 정원이 작을 때는 총대지(總大地)의 중심(中心)에 고정한다. 정원이 너무 작거나 건물보다 삼배(三倍) 이상 클 때에는 정원이 없는 것이니 건물 중심에 패철을 고정한다. 사무실(事務室), 점포(店鋪), 아파트는 내가 사용하는 중심에 패철을 고정한다.

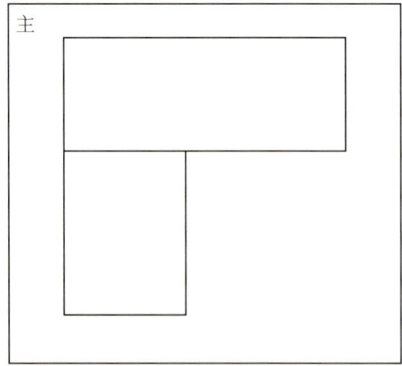

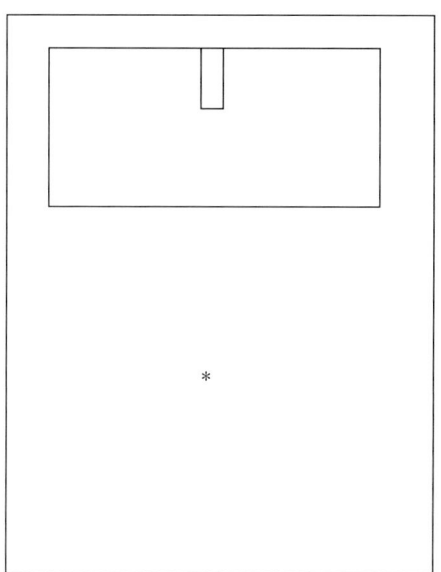

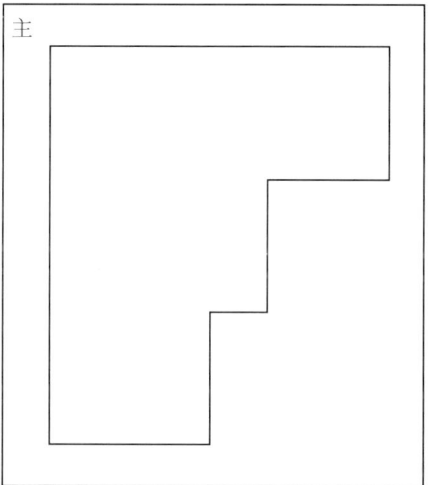

6. 기두(起頭)

건물은 천태만상이라 기점 찾기가 매우 어렵다. 건물 구조에 높고 (高), 넓고(廣), 알찬 곳(旺)을 기두(起頭)로 한다.

主

(1) 변화기두(變化起頭)

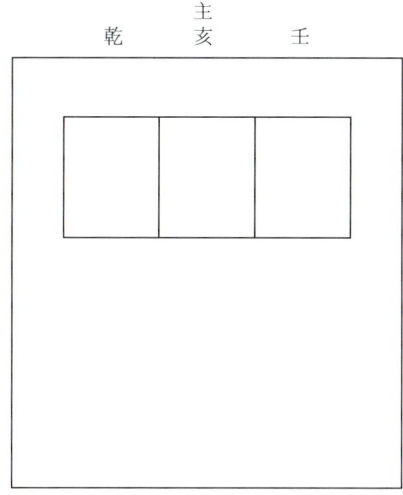

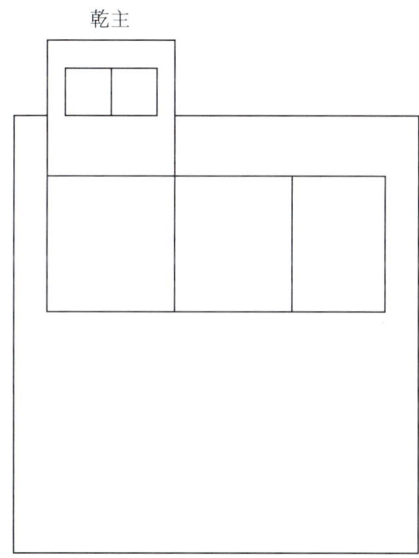

(2) 라경측정(羅經測定)

동서사택(東西舍宅)의 구별에 子(자), 午(오), 卯(묘), 巽(손), 동사택(東舍宅)과 건(乾), 곤(坤), 간(艮), 태(兌)의 서사택(西舍宅)이 있다. 子午卯巽(자오묘손), 乾坤艮酉(건곤간유)의 중심점에 기두(起頭)나 대문(大門)의 중심에 닿아야 화복(禍福)이 잘 나타난다. 주위치(主位置)가 동사택(東舍宅)과 서사택(西舍宅)이 갈라지는 위치에 기두(起頭)나 대문(大門)이 있으면 흉(凶)하다. 자오묘손(子午卯巽) 동사택(東舍宅)에 문(門), 주(主)가 일기로 구성되면 길사택(吉舍宅)이다.

자오묘손(子午卯巽) 기두에 건곤간유(乾坤艮酉) 대문(大門)이면 부배합(否配合)으로 흉(凶)하다. 건곤간유(乾坤艮酉) 서사택(西舍宅)에 문(門), 주(主)가 일기로 구성되면 길사택(吉舍宅)이다. 건곤간유(乾坤艮酉) 기두에 자오묘손(子午卯巽) 대문(大門)이면 부배합(否配合)으로 흉(凶)하다.

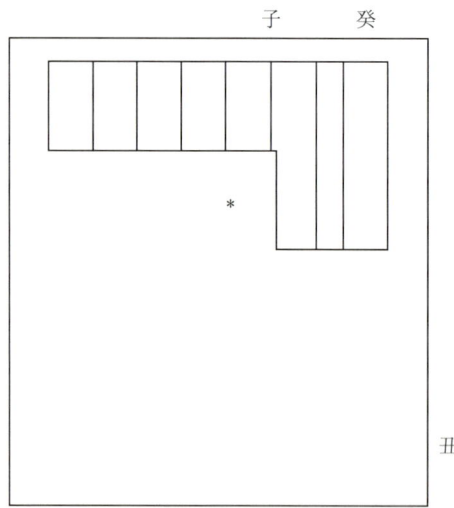

子(자)

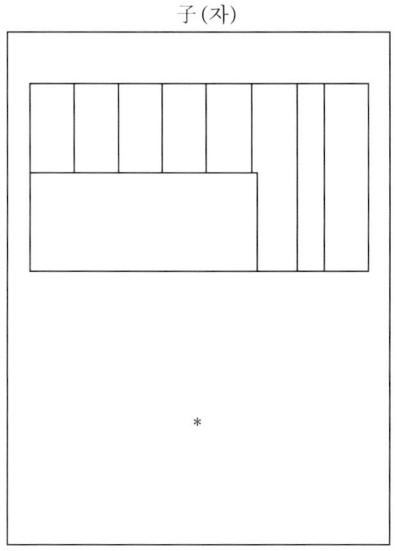

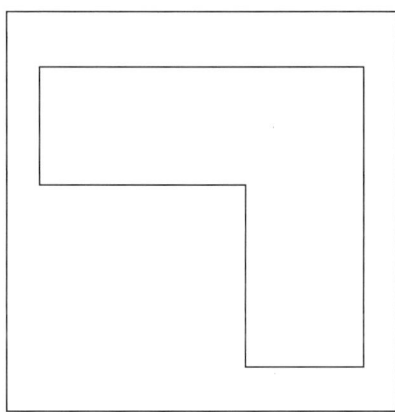

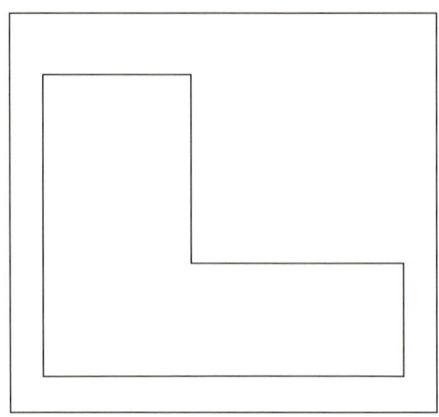

(3) 흉가상(凶家相)

건물의 가운데가 들어가면 허(虛)한 가상(家相)이니 흉(凶)하다. 쌍기두(雙起頭)가 되어 흉상(凶相)이다. 정사각형 대지에 기억자로 후부(厚富)하게 배치하고 정사각형으로 정원(庭園)을 만들면 길(吉)한 가상(家相)이다.

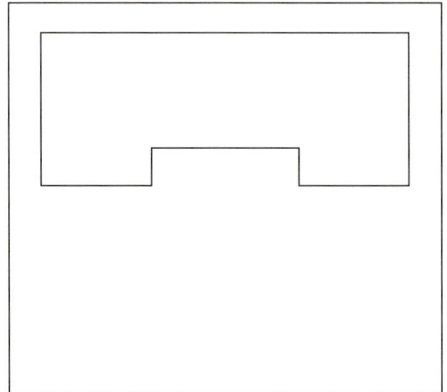

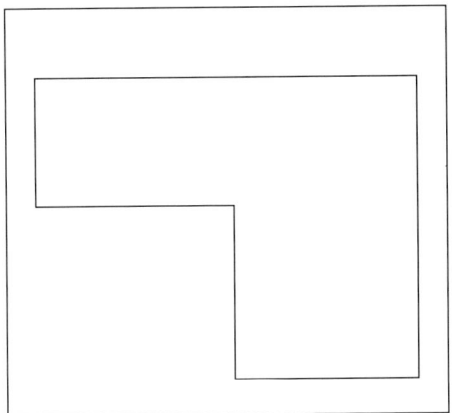

7. 정원길흉(庭園吉凶)

(1) 정원길(庭園吉)

길(吉)한 건물 구조다. 사면(四面)을 울타리 대신 건물로 배치하니 정원이 길상(吉相)이고, 내외문(內外門)이니 안정된 정원으로 공기조화(空氣調和)가 길(吉)한 가상(家相)이다. 위엄(威嚴) 있는 대문(大門)이니 가중길사(家中吉事)는 대문귀격(大門貴格)에서 이루어진다.

안정된 정원은 현모양처(賢母良妻), 재산증식(財産增殖), 정신건강(精神健康)은 길(吉)한 공기(空氣)에서 생긴다. 주(主) 위치에 고방(高房)을 두어야 길(吉)하다.

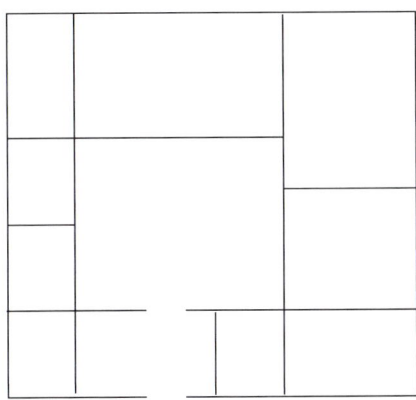

(2) 정원흉(庭園凶)

정원이 산재(散在)되어 중취처첩(重娶妻妾) 산재(散財)한다. 대문(大門)과 기두(起頭)가 불배합(否配合)이니 흉가(凶家)다.

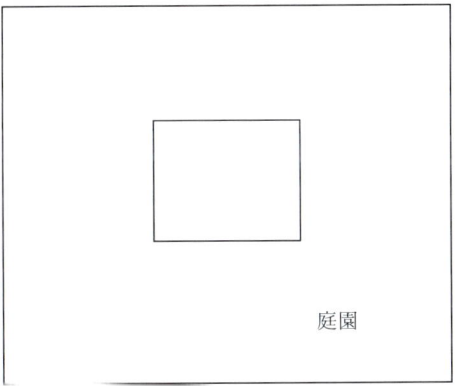

8. 건물정원빈상(建物庭園貧相)

건물(建物)과 정원(庭園)이 모두 빈상(貧相)이다. 좁고 길어서 쌍기두(雙起頭)가 되고 부배합(否配合) 흉사택(凶舍宅)이다. 자오충(子午沖)에 부부(夫婦) 의견충돌(意見衝突) 이혼(離婚)하기 쉽다. 노부부(老夫婦)는 오극(五克)으로 신(腎), 방광(膀胱), 자궁(子宮)에 병(病)이로다. 간토(艮土)는 화생토(火生土)로 초년(初年)은 길(吉)하나 오래되면 난폭(亂暴)해진다.

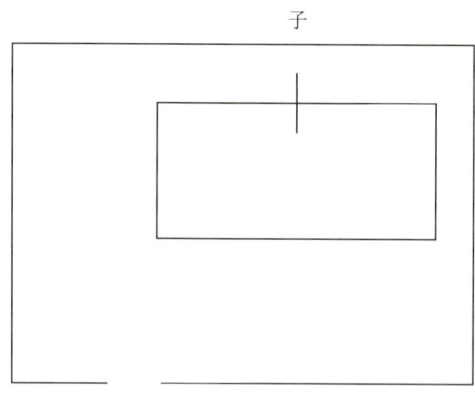

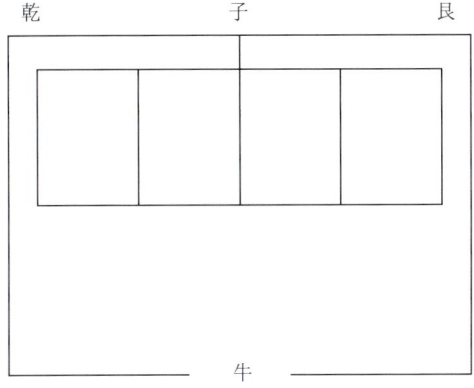

(1) 건물빈상(建物貧相)

　정사각형 대지에 기억자 건물의 폭이 좁아 빈상(貧相)이고, 건물(建物)에 비하여 정원(庭園)이 너무 커서 흉(凶)하다. 간기두(艮起頭), 유문(酉門), 배합사택(配合舍宅)이지만 건물(建物)이 빈상(貧相)이면 간방(艮方)만 대문(大門)에 길(吉)하다.

　묘장남목(卯長男木)은 유소금녀(酉小女金)가 극(克)하니 간담허(肝膽虛)로 심허(心虛) 위실(胃實)이다. 쌍금(雙金)이 극(克)하면 사망(死亡)한다. 유금생자수(酉金生子水) 초년길(初年吉)하나 영구(年久)하면 신(腎) 방광(膀胱)의 과도한 실(實)로 중풍(中風)이다.

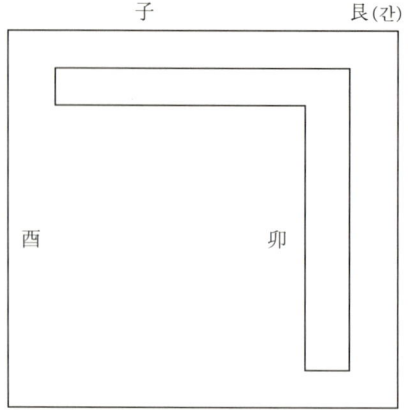

(2) 건물부상(建物富相)

　후부(厚富)한 기억자 건물(建物)에 비교되는 정사각형 정원이 길(吉)한 가상(家相)이다. 손문(巽門) 자주(子主)는 음양정배(陰陽正配)로 배합사택(配合舍宅)이고 고방(高房)이 기두(起頭)에 배치(配置)되고 정원이 길상(吉相)이니 부귀쌍전(富貴雙全)의 길(吉)한 가상(家相)이다. 건(乾), 간(艮)은 서사택(西舍宅) 건물이 부상(富相)이고, 배합사택(配合舍宅)이니 뿌리가 튼튼하여 길상(吉相)이다.

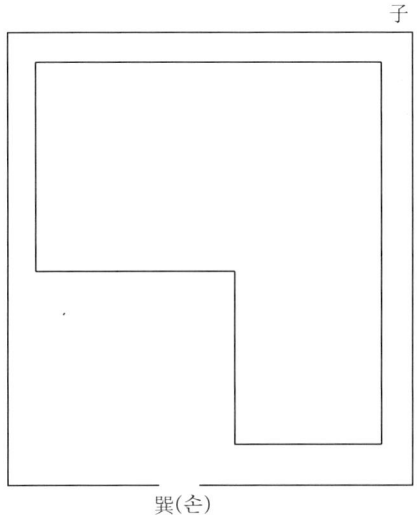

9. 라경정위(羅慶正位)

　건물의 기두(起頭)와 대문위치(大門位置)는 고정(固定)되어 있으나 패철(佩鐵) 위치를 정확히 찾아야 길흉(吉凶)을 판단할 수 있다. 정원(庭園)은 재(財)와 처궁(妻宮), 앞 정원은 현모양처(賢母良妻)로 부자(富者)되는 가상(家相)이다.

　초년(初年) 음양정배(陰陽正配)로 속발(速發)하나 오래되면 후원(後園)이 있어서 처궁(妻宮)이 불길(不吉)하고, 주인(主人)이 음란(淫亂), 손재(損財)이다.

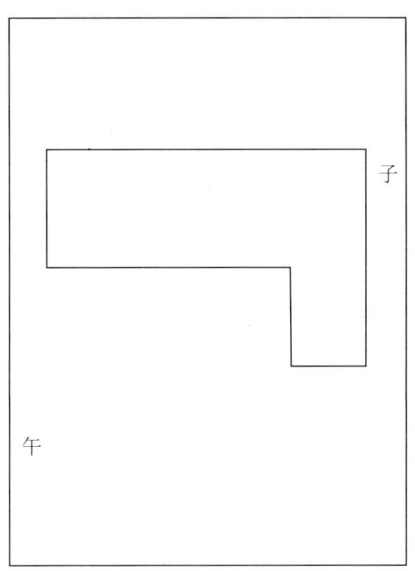

■ **라경정위(羅經正位)**

신기두(申起頭) 자문(子門) 같으나, 신기두(申起頭) 간문(艮門)으로 배합사택(配合舍宅)이다.

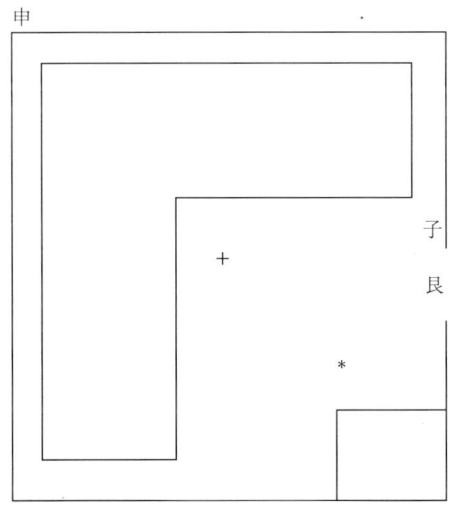

빈상(貧相)의 앞 정원에 자오충(子午沖)하니 입주하면서 의견충돌(意見衝突)로 3년 내에 부거이혼(婦去離婚)한다. 후원(後園)이 전원(前園)보다 크니 첩(妾)과 숨은 재산(財産)이 있다. 본처이혼(本妻離婚)하고 1년내(一年內)에 많은 재산(財産)을 가진 후처(後妻)가 나타나니 이유(理由)는 오대문(午大門)이로다.

제7장

화복론
(禍福論)

1. 길사택(吉舍宅)

(1) 효자(孝子)

　건물(建物)보다 정원(庭園)이 작으면 총대지(總垈地) 중심점(中心點)에 라경(羅經)을 고정(固定)하나 천하라반(天下羅盤)이니 하늘이 보이는 건물 가까운 정원(庭園)에 고정한다. 자기두(子起頭), 손문(巽門), 배합사택(配合舍宅), 음양정배합(陰陽正配合)이라 부부화락(夫婦和樂), 자효손현(子孝孫賢)이나 정원이 허(虛)하여 부(富)는 적다.
　건물이 모두 양방위(陽方位)니 영구(年久)하면 부녀(婦女)가 허(虛)해진다. 건(乾)에 고방(高房)이니 노부(老父)가 젊은 부인(婦人)을 만나니 금전(金錢)의 손실(損失)이로다. 간(艮)과 자(子) 방위 사이에 욕실(浴室)이 있어서 간주방(艮廚房)은 부녀(婦女)로 강(强)한 목극토(木克土)하니 부녀(婦女)가 폐(肺), 대장병(大腸病)이다. 묘(卯)와 손(巽)은 부부정배(夫婦正配) 비화(比和)니 장남(長男) 장녀(長女)가 건강(健康), 만사대길(萬事大吉)하다.

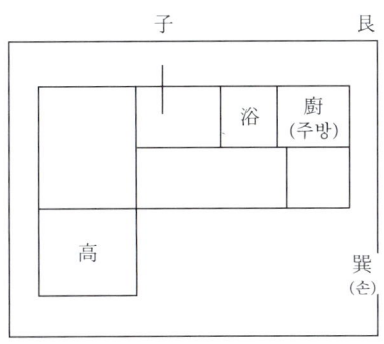

(2) 부귀여산(富貴如山)

간(艮) 방위가 기두(起頭)이나 허(虛)한 주방을 제외(除外)하면 자기두(子起頭), 손문(巽門)으로 배합길사택(配合吉舍宅)이다. 자주(子主), 손문(巽門), 음양정배합(陰陽正配合)이니 부귀발복(富貴發福)이 장구(長久)하다.

내외문(內外門)으로 전착후관(前窄後寬)하니 부귀여산(富貴如山)이다. 간고방(艮高房)은 목극토(木克土)의 변화(變化)로 부귀속발(富貴速發)한다.

건방노부(乾房老父)는 자방(子房) 사이에 욕실(浴室)로 갈리어 강(强)한 목(木)에 금결(金缺)이니 폐대장허(肺大腸虛)로 신장병(腎臟病)으로 중풍(中風)이로다.

묘(卯) 방위는 허(虛)하니 되는 일이 없으나 대문(大門)과 비화(比和)라 건강(健康)엔 해(害)가 없다. 전착후관(前窄後寬), 부귀여산(富貴如山)이니 현모양처(賢母良妻)한다.

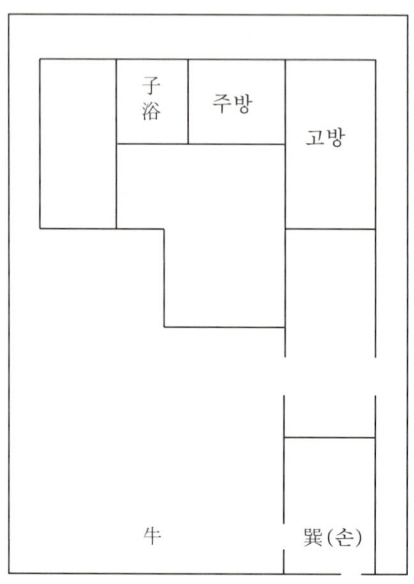

(3) 부귀장구(富貴長久)

정원(庭園)이 사각형(四角形)으로 반듯한 위치(正位置)다. 기억자 건물(建物)이나 양폭(兩幅)의 차이가 있어 기두(起頭)를 정하기 어렵다. 기억자의 왕(旺)한 곳에 고방을 기두(起頭)로 한다. 배합사택(配合舍宅)

은 동서(東西) 혼입되어도 길(吉)하다.

자주손문(子主巽門), 음양정배(陰陽正配)는 부부화락(夫婦和樂), 부귀장구(富貴長久)하고, 주(主)가 문(門)을 생(生)하니 귀발복(貴發福)이니 인재(人材), 미인(美人) 출생(出生)한다. 정원(庭園)은 음(陰)으로 길상(吉相)이니 재왕(財旺)하고, 부녀건강(婦女健康), 현처(賢妻)로다.

건방(健方), 주방(廚房)은 건(乾)과 자(子) 사이에 욕실(浴室)이 있어서 건(乾)의 뿌리가 약하고 대문(大門)과 상극(相克)이니 부녀(婦女)가 내주장(內主張)한다. 간방(艮方)은 토극수(土克水)로 주인 사업에 길(吉)한 변화(變化)를 준다. 간소남(艮少男)은 자효손현(子孝孫賢)한다.

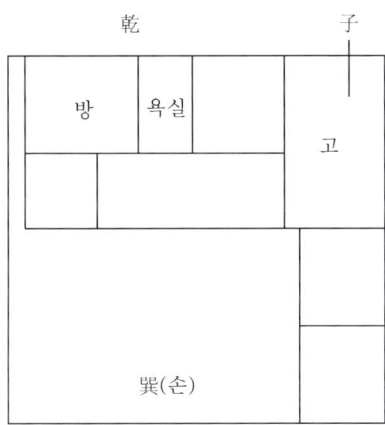

(4) 부귀속발(富貴速發)

기억자 건물이 약간 허(虛)하나 정원이 길(吉)하여 길(吉)한 가상(家

相)이다.

■ 라경위치(位置位置)

건물이 곤(坤), 유(酉) 건방위(乾方位)까지니 길(吉)한 가상(家相)이다. 기두(起頭)가 신방(神方)이니 유(酉), 건(乾) 혼합기두(混合起頭)다. 양토(兩土)와 쌍금(雙金)이니 상생(相生)하여 부귀속발(富貴速發)이다. 사업(事業) 진급(進級)에 길(吉)한 변화(變化)로다. 자(子)는 충(沖)이 길(吉)한 변화(變化)로다.

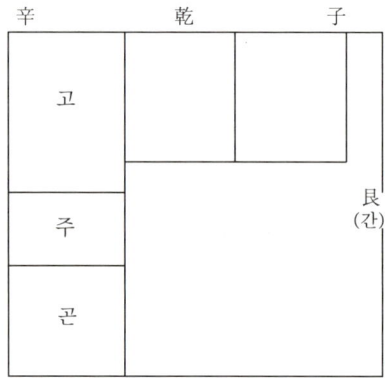

(5) 생자가(生子家)

곤기두(坤起頭), 간대문(艮大門) 배합사택(配合舍宅)으로 문주쌍토비화(門主雙土比和)이므로 재산(財産)이 늘겠다. 양토대문(陽土大門)이므로 속발(速發)한다. 곤기두주방(坤起頭廚房)이니 내주장(內主張)으로 부자(富者)된다.

오고방중녀(午高房中女)에 간소남(艮少男)이 들어오니 선생남(先生男)한다. 유방(酉房)은 대문(大門)과 부부지배합(夫婦之配合)이지만 토생금(土生金)하니 인재(人才), 미인(美人)으로 부귀(富貴)한다.

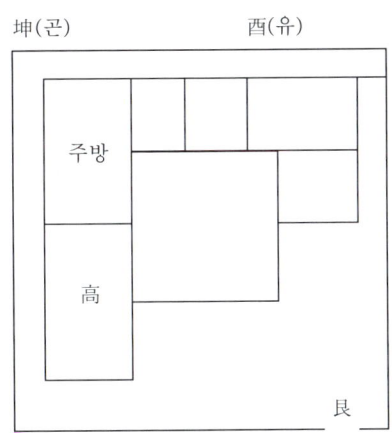

(6) 세가형통(貰家亨通)

오주간문(午主艮門) 부배합흉사택(否配合凶舍宅)이다. 부배합(否配合)되면 상생(相生)도 충해(蟲害)이며, 병(病)은 실증(實證)이다. 손목생오화(巽木生午火)하고 오생토(午生土)하므로 화다조토(火多燥土)되니 간소남(艮少男)은 토극수(土克水)하여 신장병(腎臟病) 생긴다.

오(午)와 간(艮)은 부배합(否配合)으로 상충(相沖)되니 주인(主人)은 관재구설(官災口舌)로 매사불성(每事不誠)한다. 세(貰)집은 모두 서사택(西舍宅)으로 간문(艮門)과 배합사택(配合舍宅)이니 만사형통(萬事亨通) 재산(財産)이 모인다.

구빈(救貧)하려면 자문(子門)이 속발(速發)하나 정원(庭園)이 협소(狹小)하여 불길(不吉)하고, 묘(卯)는 음양배합사택(陰陽配合舍宅)으로 구빈(救貧)이 된다.

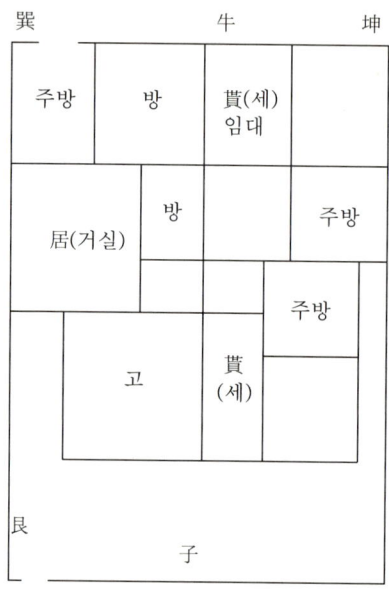

(7) 전화위복(戰禍爲福)

건물(建物)과 정원(庭園)이 길(吉)하고 담 따라 보호건물이 있어 길

(吉)한 가상(家相)이다. 길(吉)한 가상(家相)이라도 동서혼합사택(東西混合舍宅)이 되면 흉가(凶家)다. 묘주(卯主) 유문(酉門)이면 부배합사택(否配合舍宅)이니 흉(凶)가다.

묘목극간토(卯木克艮土)로 허(虛)한 묘목(卯木)을 유(酉), 건(乾) 쌍금(雙金)이 극(克)하니 사년이내(四年以內)에 장남(長男)이 해묘미(亥卯未) 연월일시(年月日時)에 이금치사(以金致死, 작두로 사람의 목을 잘라 죽이는 것)당한다.

묘손쌍목(卯巽雙木)이 허(虛)한 간주방소남(艮廚房少男)을 극(克)하니 자손(子孫)이 어렵다. 묘건쌍금(酉乾雙金) 극손장녀(克孫長女)하니 간담허(肝膽虛)로 삼초병(三焦病), 정신병(精神病)이다. 묘손비화(卯巽比和)로 요절(夭折)은 면한다.

자대문(子大門)이면 배합사택(配合舍宅)으로 순양(純陽)이므로 구빈(救貧)은 되나 영구(年久)하면 패(敗)한다. 오대문(午大門) 또는 손대문(巽大門)이면 부귀쌍전(富貴雙全) 장구(長久)히 발복(發福)한다.

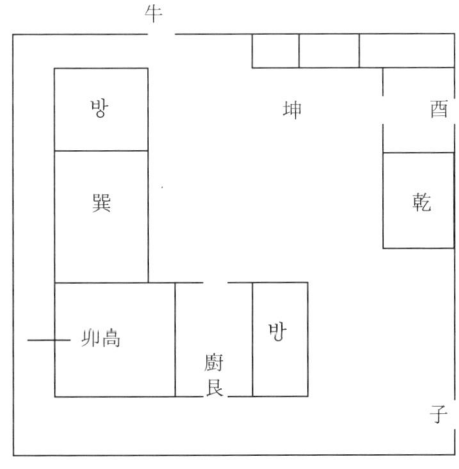

(8) 길상(吉相)

자주(子主) 오향(午向) 배합사택(配合舍宅)이 제일 좋다. 일자형(一字型)에 후부(厚富)한 건물상으로 정사각형의 정원이 길(吉)하다. 길상(吉相)에 독체는 고독(孤獨)하다. 보호건물로 행랑(行廊)을 세우면 길(吉)하다.

가장 길(吉)하게 하려면 건물(建物)에 내외문(內外門)을 하면 전착후관(前窄後寬) 부귀여산(富貴如山)이니 자기두(子起頭) 오대문(午大門)에 정사각형 정원이 좋으나, 정원이 작으면 배합사택일지라도 불길(不吉)하다. 정원(庭園)은 음(陰)으로 여자(女子)며 재산(財産)이다.

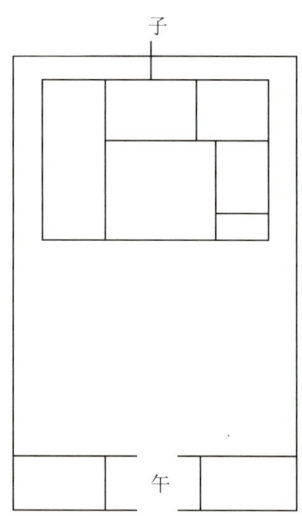

(9) 사무실 점포(事務室 店鋪)

사무실(事務室)은 전체 건물에 동서사택(東西舍宅) 구별(區別)이 있다. 1사무실(事務室)은 건문유주(乾門酉主) 배합사택(配合舍宅)이다. 초년속발(初年速發)하나 영구(年久)하면 패(敗)한다. 건문노부(乾問老父)라 많은 재산(財産)을 벌어오나 유기두소녀(酉起頭少女)는 관리를 제대로 못한다.

3사무실은 자중남(子中男) 대문에 오중녀기두(午中女起頭)로 자오상충(子午相沖)으로 배합사택(配合舍宅)이니 변호사(辯護士)로 길(吉)한 변화(變化)가 많다. 북향자(北向子) 대문(大門)에 부자(富者) 난다. 자오상충(子午相沖)은 길(吉)한 변화(變化)가 생기니 충(沖)으로 변호사 사무실(事務室)로 사건마다 승소(勝訴)하며 버는 대로 오중녀(午中女)가 재산관리를 잘한다.

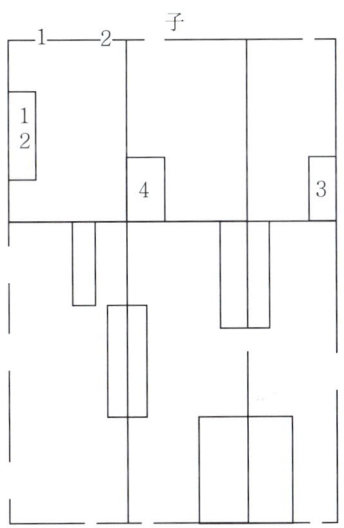

2사무실(事務室)은 간소남(艮少男) 대문(大門)이 유소녀기두(酉少女起頭)라 경험 부족으로 대기업(大企業)을 하면 실패(失敗)하고 소기업(小企業)은 성공(成功)한다. 4사무실(事務室)은 건노부대문(乾老父大門)에 곤노모기두(坤老母起頭)니 대소기업(大小企業)을 능숙(能熟)하게 감당할 수 있는 능력이 있는 가장 좋은 사택이다.

1점포(店鋪)는 묘장남기두(卯長男起頭)에 오중녀대문(午中女大門)이니 남(男)이 여(女)를 생(生)하니 화장품 등 여자 상대하면 대길(大吉)하다. 2점포(店鋪)는 자기두중남(子起頭中男)에 오대문중녀(午大門中女)라 자오상충(子午相沖)하는 변화(變化)로 충돌(衝突)이 자주 생기니 시끌벅적하게 사업이 번성(繁盛)한다.

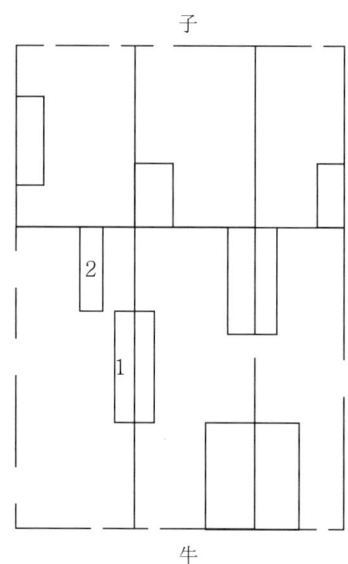

2. 흉사택(凶舍宅)

정원이 적어서 라경위치(羅經位置)의 이동에서 대문(大門)과 기두(起頭)가 변(變)한다. 기두(起頭)는 술(戌) 방위로 건유(乾酉)가 기두(起頭)이고, 대문이 묘(卯) 방위로 부배합사택(否配合舍宅)이다.

곤간쌍토(坤艮雙土)가 묘목상극(卯木相克)하고, 강(强)한 유건쌍금(酉乾雙金)이 묘목(卯木)을 극(克)하니 입주 3년 8개월에 장남묘목(長男卯木)이 이금치사(以金致死)한다. 욕실이 자방위(子方位)로 허(虛)하여 수생목(水生木)하지 못한다.

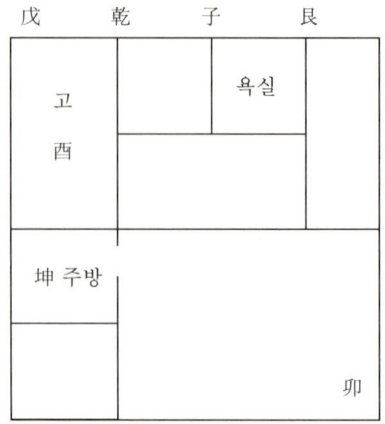

(1) 건물빈상(建物貧相)

    삼간(三間)으로 빈상(貧相)의 건물(建物)은 건물중심(建物中心)에 라경(羅經)을 고정(固定)한다. 고방(高房)을 기두(起頭)로 하여 출입문(出入門)을 상대하여 화복(禍福)을 논(論)한다.

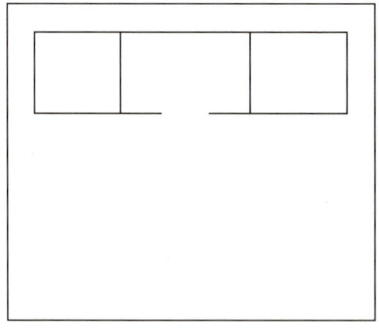

(2) 순양(純陽)

　기두(起頭)는 건물(建物)의 고저(高低), 허실(虛實)을 잘 살펴서 정하여야 한다. 부엌은 맞문이니 허(虛)하여 없는 것으로 간주한다. 자기두(子起頭) 묘문(卯門)이니 배합사택(配合舍宅)이다.

　중남자기두(中男子起頭)에 장남묘문(長男卯門)이니 순양(純陽)으로 구빈(救貧)하는데 자부발(子富發) 6년, 묘부귀발(卯富貴發) 8년 부귀속발(富貴速發)하나 년구(年久)하면 순양불화(純陽不和) 무손(無孫) 고과장가(孤寡掌家)한다.

　건고방(乾高房)은 초년(初年) 위세(威勢) 당당하나 순양(純陽)이니 년구(年久)하면 고독(孤獨)하다. 유금소녀(酉金小女)는 허(虛)한 주방(廚房)이니 강(强)한 양목(陽木)에 금결(金缺)이니 소녀(少女), 부녀(婦女)가 상(傷)한다.

(3) 부거(婦去)

길(吉)한 가상(家相)이나 정원(庭園)이 좁아서 자기두(子起頭) 오대문(午大門) 배합사택(配合社宅)이지만 길흉(吉凶)이 생긴다. 부녀(婦女)인 정원(庭園)이 빈상(貧相)으로 수극화(水克火) 자오상충(子午相沖)하니 입주부터 6년간 부부(夫婦) 의견충돌하나 년구(年久)하면 이혼(離婚)하여 부녀(婦女)가 나간다.

건고방(乾高房)은 유금생자수(酉金生子水)로 주인(主人)은 건(乾)의 위세(威勢)로 부귀(富貴)한다. 간소남토(艮少男土)는 오화중녀(午火中女)가 생(生)하니 자손만당(子孫滿堂)한다.

좁은 정원(庭園)이지만 대문(大門)을 묘방위(卯方位)로 개수(改修)하면 이혼(離婚)은 면하고, 초년(初年) 부귀속발(富貴速發)하나 정원(庭園)이 적어서 큰 재산(財産)을 거둘 수는 없다.

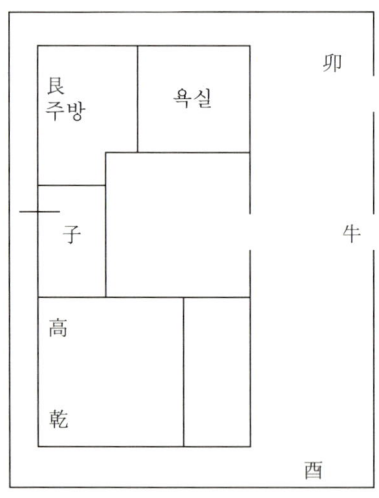

(4) 부거(婦去)

건물(建物)은 후부(厚富)하나 정원(庭園)이 빈상(貧相)이고 후원(後園)이 후부(厚富)한데 자기두(子起頭) 오대문(午大門)으로 길흉(吉凶)의 변화(變化)가 다양(多樣)하겠다.

빈상(貧相)의 앞 정원에 자오충(子午沖)하니 입주하면서 의견충돌(意見衝突)로 3년 내에 부거이혼(婦去離婚)한다. 후원(後園)이 전원(前園)보다 크니 첩(妾)과 숨은 재산(財産)이 있다. 본처이혼(本妻離婚)하고 1년내(一年內)에 많은 재산(財産)을 가진 후처(後妻) 나타나니 이유(理由)는 오대문(午大門)이로다.

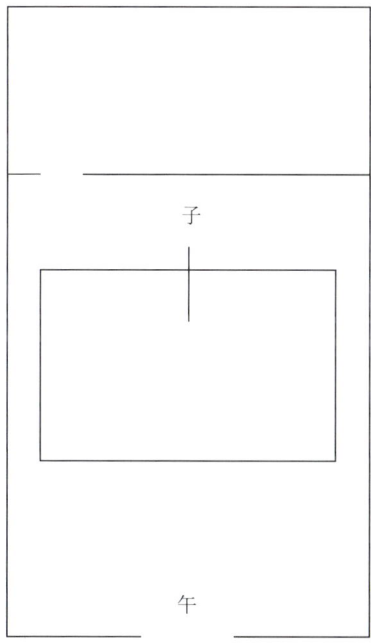

(5) 부거(夫去)

유기두(酉起頭) 간문(艮門)으로 토금상생(土金相生), 음양배합(陰陽配合)의 길택(吉宅)이다. 가옥(家屋) 내부 구조 불길(不吉)로 흉(凶)하다. 기두(起頭)에 주방(廚房)이니 부녀자(婦女子)가 내(內主張)이다.

자고방(子高房), 건욕실(乾浴室)로 금수불통(金水不通)이니 강(强)한 대문양토(大門陽土)가 토극수(土克水)로 고방(高房)을 극(克)하니 자중남수(子中男水)가 입주일로부터 일년내(一年內) 부부이혼(夫婦離婚)하고 주인(主人)이 나가는 부거가상(夫去家相)이다.

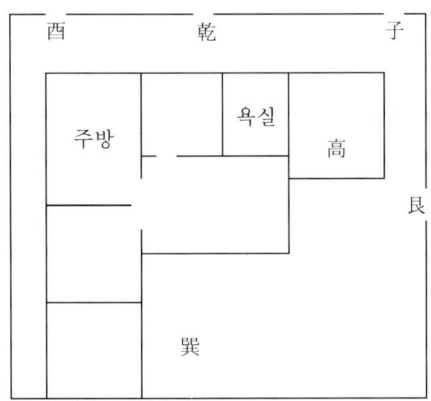

(6) 부거(夫去)

건물(建物)은 후부(厚富)하여 길상(吉相)이나 정원(庭園)이 협소(狹

小)하여 오기두(午起頭) 자대문(子大門)에 부자(富者) 나나 정원(庭園)이 협소(狹小)하여 부자(富者)가 못 되고, 건물(建物)이 후부(厚富)하여 가세(家勢)는 늘어난다.

출입문(出入門)과 창문(窓門)이 마주치니 자오상충(子午相沖)으로 동서(東西)로 분리(分離)되어 부부충돌(夫婦衝突)로 부거(夫去)한다. 대문(大門)과 창문(窓門)을 개수(改修)하면 이혼(離婚)을 면하고 부부화락(夫婦和樂)한다.

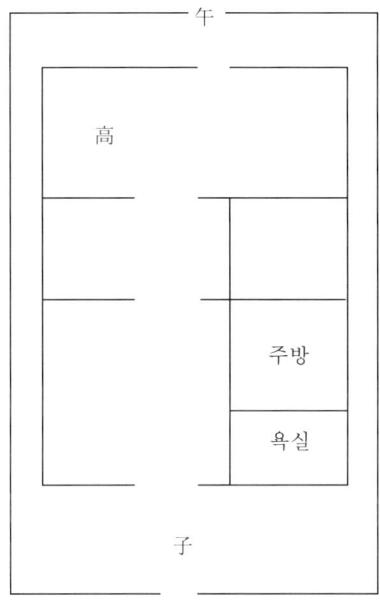

(7) 부거(夫去)

건기두(乾起頭) 오대문(午大門) 부배합(否配合) 흉사택(凶舍宅)이다. 기두(起頭)에 주방(廚房) 부녀장가(婦女掌家)다. 고방자(高房子)는 대문오(大門午)와 자오상충(子午相沖)이라 입주(入住)한 지 3년 내에 부거이혼(夫去離婚)하는 이치는 왕(旺)한 건방위(乾方位)가 주방(廚房)이기 때문이다. 젊은 부부(夫婦)는 이혼(離婚)이요, 노부부(老夫婦)는 주인중풍(主人中風)이거나 요수(夭壽)한다.

강(强)한 오화(午火)가 허(虛)한 자수(子水)와 상충(相沖)하니 화다수열(火多水熱)의 이치(理致)로 이혼(離婚)하거나 중풍(中風) 요수(夭壽, 젊은 나이에 죽음)한다.

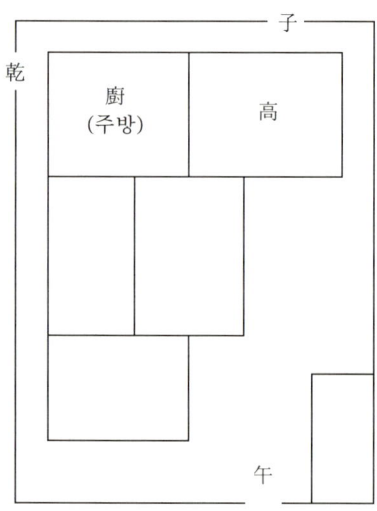

(8) 내주장(內主張)

건물(建物)은 길상(吉相)이나 전면굴곡(前面屈曲)은 구설(口舌)이다. 유기두(酉起頭) 간문(艮門) 음양배합사택(陰陽配合舍宅)이라 내주장(內主張)으로 부유(富有)해진다.

기두위치(起頭位置)에 주방(廚房)이니 배합사택(配合舍宅)으로 내주장(內主張)을 따라야 부유(富有)하게 된다. 기두위치(起頭位置)에 식모방(食母房)이라 콧대 높은 식모(食母)로다.

곤(坤) 고방(高房) 주인(主人)이 유금(酉金)을 생(生)하므로 공처가(恐妻家)다. 건욕실(乾浴室)이니 노부주인(老父主人)은 권한(權限) 없고, 건금(乾金) 유금비화(酉金比和)라 유금부녀(酉金婦女)의 내주장(內主張)이다.

정원길상(庭園吉相)에서 정신안정(情神安靖)으로 건강(健康)하나 정원(庭園)이 불길(不吉)하여 정신불안(情神不安)으로 건강(健康)이 나쁘고 가정불화(家庭不和)로다.

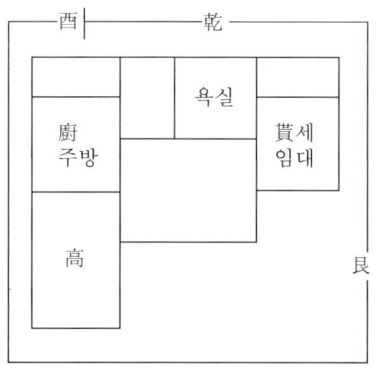

(9) 부녀음탕(婦女淫湯)

건기두(乾起頭) 묘문(卯門) 부배합흉사택(否配合凶舍宅)이다. 부배합사택(否配合舍宅)에 기두(起頭)에 주방(廚房)이니 주인(主人)이 나가거나 질병(疾病)으로 사업불능(事業不能), 부녀지가(婦女持家)한다.

유건쌍금(酉乾雙金) 극묘목(克卯木)이니 장남(長男)은 집을 나가면 살 수 있다. 묘목유금상충(卯木酉金相沖)은 주인주색(主人酒色)이로다. 건주방부녀(乾廚房婦女)가 생자수(生子水)하니 부녀음탕(婦女淫湯)이다.

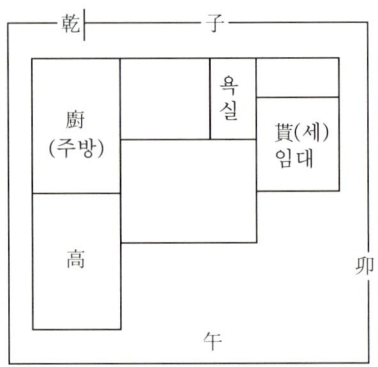

(10) 후원첩산재(後園妾散材)

길상(吉相)의 정원(庭園)에 후원(後園)으로 산재(散材)하여 부유(富裕)하지는 못하나 보호건물로 가족(家族)이 건강(健康)하다. 건물(建物)

이 빈상(貧相)으로 부녀(婦女)인 주방(廚房)이 허(虛)하다.

금수상생(金水相生)으로 건(乾)은 위세(威勢)가 있다. 길사택(吉舍宅)에 후원(後園)이니 주인(主人)이 첩(妾)도 보리라. 주방부녀(廚房婦女)가 허(虛)하고 목극토(木克土)하니 위장병(胃腸病)이 생기겠다.

손목(巽木) 극(克) 간소남(艮少男)의 변화(變化)로 영리한 자손(子孫)을 보겠으나 토극수(土克水)로 타향(他鄕)으로 나간다. 장남묘목(長男卯木)은 늙도록 집을 지키겠다. 오우사(午牛舍)는 잘 되고 곤측간(坤厠間)은 자손불길(子孫不吉)을 막아준다.

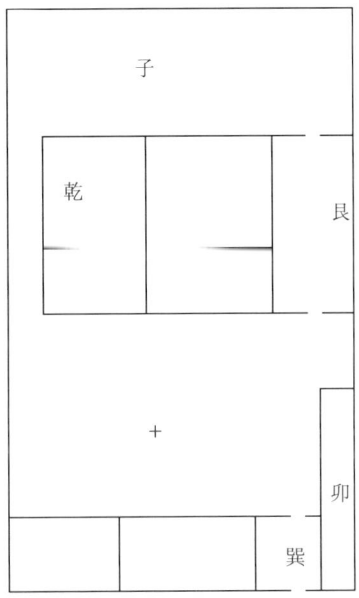

(11) 장남사(長男死)

건물(建物)은 후부(厚富)하고 정원(庭園)이 넓어 길상(吉相)이라 부격(富格)으로 보기 쉽다. 건주묘문(乾主卯門)이니 부배합(否配合) 흉사택(凶舍宅)이다. 건유쌍금(乾酉雙金) 극(克) 묘문(卯門)하므로 장남(長男)이 정신(精神), 신경, 간(肝), 담병(膽病)으로 이금치사(以金致死)한다.

건기두주방(乾起頭廚房)이니 부녀장가(婦女掌家) 내주장(內主張)이라 종과 같은 신세인 주인(主人)이로다. 부배합사택(否配合舍宅)이니 재산(財産)이 흩어지어 빈한(貧寒)하다.

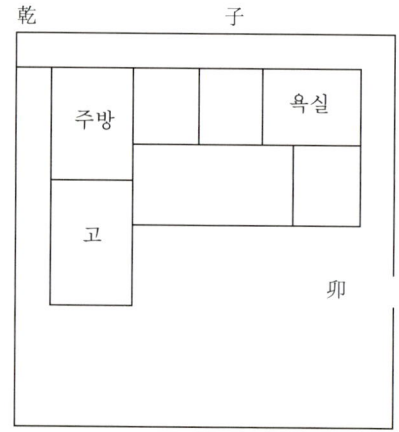

(12) 쌍금극목(雙金克木)

유주(酉主) 묘문(卯門)은 금극목(金克木)하는 부배합사택(否配合舍宅)이다. 쌍금극묘목(雙金克卯木)하니 장남(長男)의 이금치사(以金致死)로다. 목(木)이 극(克)을 받으면 성격(性格)이 난폭(亂暴)해져서 해묘미(亥卯未) 연월일시(年月日時)에 사망(死亡)한다.

부배합사택(否配合舍宅)은 대산(財產)이 줄고, 기두(起頭)에 주방(廚房)이 있으면 부녀장가(婦女掌家)한다. 주인(主人)은 오화(午火)가 극(克)하고, 묘목상극(卯木相克)으로 집을 나간다.

곤노모(坤老母)는 목극토(木克土)로 위장병(胃腸病)과 해수병(咳嗽病)이 생긴다. 셋방(貰房)은 목화상생(木火相生)이므로 부속발(富速發)이며 음양정배(陰陽正配)이므로 부부화락(夫婦和樂)한다.

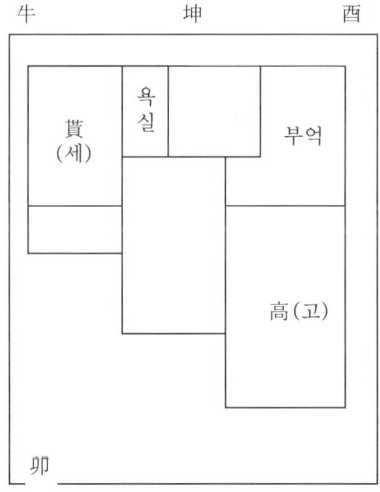

자미원국(紫微垣局)은 삼길(三吉), 육수(六秀) 구성(九星)이 모두 갖추어진 곳으로 절대 두 자리가 아닌 천하제일의 유일한 대명당이다. 지구가 처음 생길 때부터 정해 있어 70억 세계 인구를 이끌어갈 위대한 통치자를 배출할 세계 제일의 명당은 과연 우리나라 어디에 있을까? 미래의 이 나라를 이끌자, 제왕은 누구인가? 이 시대의 진정한 도선사(導船師)가 어디선가 꿈을 키우고 힘을 기르고 있을 것이다. 진정한 도선사(導船師)는 누가 될 것인가?

제8장

천년항해
(千年航海)

1. 고려건국신화(高麗建國神話)

(1) 삼건(三建)

虎景 = 康忠 = 寶育 + 德周 = 辰義 + 唐肅宗
호경　강충　보육　덕주　진의　당숙종
= 作帝建 + 龍女 = 龍建 + 韓氏 = 王建
　작제건　용녀　용건　한씨　왕건

　환경학(環境學)에 무불통지한 감우팔원론(監于八元論)을 그 시대에 비범한 도선에게 환경학을 전수하여 용건을 찾아가 도선사가 될 왕건의 집터를 잡아주고 복가를 설계하였다. 도선(道詵)은 머지않은 장래에 이 땅의 주인(主人)이 바뀔 것을 알고 있었다. 도선은 고려왕조 창업(創業)에 지대한 영향을 끼쳤다.

(2) 호경(虎景)

고려 왕씨는 개성 땅에 호경(虎景)이 처음 이주했다. 백두산에서 시작하여 명산을 유력하다가 부소산(扶蘇山) 아래에 자리 잡아 살면서 아들 강충(康忠)을 낳았다.

(3) 강충(康忠)

강충(康忠)은 오관산(五冠山) 마하갑(摩訶岬)에서 살았다. 이때 도법에 능한 감우팔원(監于八元)이 부소갑 북쪽에 있는 군(郡)을 남쪽으로 옮기고, 동산(童山)에 나무를 심어 암석이 보이지 않게 하면 삼한을 통일할 후손을 두게 된다. 이곳은 산수(山水)가 좋아 모여 살기에 알맞은 양택(陽宅)이다.

현무(玄武), 주작(朱雀), 청룡(靑龍), 백호(白虎)인 사신(四神)이 구비되어있어 장풍대국(藏風大局)의 길지(吉地)다. 주산현무(主山玄武)인 부소산(扶蘇山)이 헐벗었으니 푸르게 하지 않으면 만사휴(萬事休)라 산(山)에 소나무를 심어라.

수근목간(水根木幹)은 흑수부모(黑水父母) 청목자(靑木子)니 백두산에서 래용(來龍)하여 남으로 내려오다 목간지(木幹地)를 만나 지기감응(地氣感應)되는 곳이다.

청악(靑岳) 송악(松岳)이 되니 삼건대(三建代)에 경천(擎天)의 기둥이 된다. 군민(郡民)을 아버지 호경(虎景)이 살던 곳으로 옮기고 소나무를 심는 데 주력하였다. 강충(康忠)은 이재건, 보육(寶育) 두 아들을 둔다.

(4) 보육(寶育)

보육(寶育)이 곡령(鵠嶺 = 송악松岳)에 올라 남쪽을 향해 소피를 보니 삼한에 넘쳐흘러 은빛 바다에 잠기는 꿈을 꾸고 형(兄)의 딸 덕주(德周)를 아내로 맞아 두 딸을 둔다.

당(唐)나라 숙종이 왕위에 오르기 전에 산천을 유람하다 송악의 마하갑(摩訶岬) 양자동(養子洞) 보육의 집에 머무르게 된다. 둘째딸 진의(辰義)를 품게 되어 임신케 되어 활과 화살을 주면서 "아들을 낳으면 작제건(作帝建)."이라 하니 태조왕건의 삼건(三建)의 웃어른이시다.

(5) 작제건(作帝建)

작제건(作帝建)이 명궁으로 성장하였다. 상선 따라 당나라로 가다 배가 제자리에서 맴돌고 가지 못한다. 길흉(吉凶)을 점치기 위하여 삿갓을 바다에 던지니 작제건(作帝建)의 삿갓만 물에 잠겼다. 작제건을 섬에 내리게 하고 배는 떠났다. 이때 동자가 나타나서 용왕이 만나기를 원하여 용궁에 이르렀다.

　　백룡(白龍)이 이곳에 와서 나를 괴롭히니 도와주길 바란다. 두 마리 용 중 등푸른 용은 자기이고 등이 흰 용이 백룡(白龍)이란다. 싸움이 한참일 때 백룡을 향하여 화살을 날렸다. 잠시 후 동자를 따라 용궁에 이르렀다. 청룡인 용왕이 고마워하며 딸 용녀(龍女)와 칠보를 주었다.

　　용녀(龍女)인 아내가 석장과 금돈이 더욱 뛰어나다 했다. 칠보를 돌려주고 석장과 금돈을 요구하니 용왕이 가장 아끼던 석장과 금돈을 주었다. 창릉(昌陵) 영안성(永安城)에 거주하려 하였으나 금돼지가 우리 안으로 들어가지 않으매 금돼지를 놓아주어 뒤따르니 송악 남쪽인 강충(康忠)의 집터였다. 금돼지가 쉬었다 하여 금허돈(金墟豚)이라 한다. 이곳이 만월대로 고려의 궁궐이 된다. 작제건과 용녀(龍女) 사이에 아들 용건(龍建)을 낳았다.

(6) 용건(龍建)

　　용건(龍建)의 몸엔 비늘이 있어서 후손(後孫)에 유전됐다고 한다. 이때 용건(龍建)이 도선(道詵)을 만난다. 용건이 집을 짓는 것을 보고 메기장(끈기가 적은 기장)을 심을 곳에 어찌하여 삼을 심느냐. 이 땅은 수모목간(水母木幹)으로 내려와서 마두명당(馬頭明堂)으로 떨어졌다.

　　수(水)의 대수(代數) 따라 육육삼십육(六六三十六)을 이루면 천지의 대수에 부응하니 내년에 훌륭한 아들을 두어 도탄에 빠진 백성을 구하리라. 이름을 왕건(王建)이라 하란다.

謹奉書 白拜獻書于 未來統合
근봉서 백배헌서우 미래통합

三韓之主 大原君子足下.
삼한지주 대원군자족하.

2. 신정치권(新政治權)

인심(人心)이 사나워짐은 산천지형(山川地形) 때문이다. 험한 곳에 침 놓고 뜸 뜨듯 사탑(寺塔)을 세워 국란(國亂)을 예방하자. 도선(道詵)은 선인(仙人)에 도참비법을 전수받고 제자를 길렀다. 미래의 선장 왕건(王建)이 태어날 송악(松岳)으로 가자.

(1) 도선(道詵) 국사(國師)

명당의 자연도법을 알려면 대자연의 흐름을 헤아릴 줄 알아야 깨달을 수 있다. 이를 체계화하고 팔도강산을 돌면서 명당을 찾는 신라말 승려(僧侶) 도선(道詵)이다. 신라(新羅)가 쇠퇴(衰退)하고 고려건국(高麗建國)을 예언함도 도선(道詵)이다.

어느 시대를 막론하고 삶의 공간을 항상 주요시하였다. 산(山) 많은 우리나라는 제천사상과 산악숭배가 자연히 생기게 되었다. 어떤 곳에서 어떻게 집 짓고 살아 발전하고 편안하게 살게 될까 경험으로 체험하게 되었다.

산은 어떻게 이용하고 평야와 물을 어떻게 조화시켜야 안전하게 살 수 있을까 연구하게 된 것이 삼한시대부터였다. 이런 경험을 축적하여 삶과 죽음에 대한 사고와 이론 체계를 이루었다. 이것이 일정한 체계를 지닌 우주철학이다.

법명(法名)은 도선(道詵), 자(字)는 옥룡자(玉龍子), 호(號)는 연기(烟氣), 속성은 최씨(崔氏)다. 전남 영암군 구림촌(鳩林村) 낭주(郎州) 출신이 바로 도선(道詵)이다. 지리산이 봉두산, 모후산, 조계산을 이루고, 그 끝에 월출산(月出山)의 정기를 받고 태어났다.

(2) 선인(仙人)과 도선(道詵)

지금의 구례군 화엄사 사도촌에서 선인(仙人)을 만났다. 선인은 바닷가의 모래사장에 산(山)과 들을 만들어놓고 순(順), 역(逆)한 산수지리를 가르쳤다. 모래밭을 사도(砂圖)라 한다. 모래밭에서 자연도법의 비법을 주고받는 방식은 오래도록 이어졌다.

배가 천년항해(千年航海)에 견디어내려면 튼튼하게 지어야 한다. 선인은 신라와 발해의 지도를 그려놓고 배라는 것은 한반도를 가리키는 것이다. 도선은 선인의 말귀를 알아들었다.

"천년항해가 끝나고 후천개벽 시대가 되거든 고토(故土)에 하선(下船)시키게."

"저는 죽고 없을 터인데 누가 이 배를 이끌지요?"

"천 년 후에 싹틀 씨를 미리 숨겨둘 수도 있지. 도선사(導船師)가 날 자리를 미리 점지해놓으면 되지."

선인은 여기저기 지세와 지형을 가리키면서 넘치고 부족한 것을 가르쳐주었다.

"넘치고 부족한 곳에는 단단히 못질하고 땜질하여야 하네. 그걸 비보(裨補)라 하네."

"비보를 어떻게 하지요?"

"불도수좌니 뜸 뜨듯이 절을 놓으라."

도선(道詵)에게 자연도법의 비결을 전수해준 선인(仙人)은 분명 신라인이었다. 산 형세를 보는 법과 방위 보는 자연환경론을 두루 배울 수 있었을 것이다.

(3) 오호통지(嗚呼痛地)

도선(道詵)은 낡은 옥룡사(玉龍寺)를 고쳐 눌러앉았다. 도선(道詵)의 나이는 서른일곱. 그때까지 답사만 15년을 했다. 도선은 옥룡사에서 제자들을 모아 가르쳤다. 전국에서 모여든 수제자들이 수백 명이나 되었다. 당시 구산선문(九山禪門)에서 수도하던 선사들은 이천 명이었다. 대개 천 명 안팎의 수좌들을 거느리고 있었다.

"땅이 심히 아프도다."

도선이 이렇게 말할 때 옥룡사 수좌들은 알아듣지 못했다. 선문답 같은 말을 중얼거리며 천문을 우러르고 지리를 살필 때 사람들은 도선의 깊은 뜻을 헤아리지 못했다. 이따금 심중을 조금씩 밝혔지만 알아듣는 제자가 없었다. 나중에 천하주유가 잦아지자 연유를 묻는 승도들에게 도선은 이렇게 말했다.

"백성들의 인심이 사납고 안팎으로 환난이 끊이지 않음은 산천 지형과 지세 때문이다. 병을 치료할 때 뜸 뜨듯이 산천이 험하고 거친 곳에 寺塔(사탑) 뜸 떠 길들이면 국난도 치유할 수 있을 것이야."

(4) 새판(新板)

도선(道詵)의 지혜가 온 나라 안에 알려지자 신라 헌강왕이 초청했다.

"세상 이야기나 나눕시다."

헌강왕은 도선의 스승인 해철과도 대화를 나눈 바 있었다. 나라가 오래되다 보니 썩어 문드러지어 부정부패가 심해졌다. 기강이 문란해졌다. 귀족들이 너무 커서 통제가 안 된다.

"무슨 수가 없겠소? 어떻게 하면 좋겠소?"

도선은 유익하고 진지한 이야기를 많이 나누었다. 그러나 헌강왕은 성골(聖骨, 신라 때 골품의 첫째 등급), 진골(眞骨, 신라 때 골품의 하나)하는 귀족들을 누르고 어떻게 하면 왕권을 확립하느냐에만 골몰한다.

"불교계가 교종(敎宗)에서 선종(禪宗)으로 엄청난 변화를 꾀했지요. 개혁한 불교는 오백 년은 갈 만한 밑천을 마련한 셈이지요."

"그런데 신라 왕도는 어떻게 변할 거지요? 선사가 한 수 가르쳐주시구려."

"귀족들은 넓은 땅에 수많은 백성들을 차지하고 앉아서 세금 한 푼 안 내면서 이래라 저래라 큰소리만 쳐 여기저기 이놈 저놈이 갈라먹고 있으니 씨가 먹히겠소?"

"그랬다 가는 저놈들이 당장 달려들어 내 자리를 뺏으려들 텐데? 그것 참 이래서는 수가 나오지 않겠군요."

도선이 성문을 나서자 세력을 키우려 안달하던 귀족들이 몰려왔다. 귀족들과 며칠 쉬면서 서라벌의 정치판을 들여다보았다. 이때 결론을 보았다.

"새 판을 짜야겠군."

고치고 바꾸고 하는 개혁이 아니라 새 판을 짜겠다는 도선의 속셈은 정치인으로서는 감히 상상할 수 없는 시대였다.

3. 천년출항(千年出港)

　옥룡사로 돌아간 도선은 이 땅을 직접 치료하기 시작했다. 도선은 요동땅에 건너가 보기도 하고 발해의 각지를 다니며 지세를 살피는 등 우리 땅을 두루 답사했다. 천 년 항해에 난파되지 않는 배를 지어야 한다.

　도선은 우리 민족이 앞으로 겪게 될 천 년 역사를 미리 읽고 배 띄울 준비를 시작했다. 도선이 탑 쌓고 절 짓는 곳은 대부분 명당이 아니었다. 도적이 쳐들어올 만한 입구에 보초를 세우듯 절 하나 지어놓고, 환난이 보인다 싶으면 탑 하나 박아놓고 다녔다.

(1) 미래도선사(未來導船師)

배를 수리했으니 배를 끌고 갈 선장을 만들자. 도선은 백두산에 올라가 배의 돛대를 보고 선장이 앉을 자리인 송악(宋嶽)으로 들어갔다.

"미래의 선장이 태어날 자리를 닦아두자."

도선은 작제건(作帝建)의 아들 용건(龍建)과 그의 부인 한씨를 만났다. 그 집을 보니 선장 날 혈처에서 약간 비꼈다.

"검은 기장을 심을 자리에 삼을 심으셨구먼."

기장은 제로 도선은 곧 제(帝)를 비유한 것이었다. 제왕이 날 자리는 비켜두고 왜 작은 인물이 날 자리에 굳이 집을 지었느냐는 뜻이다. 용건은 도선의 풍모를 보고 한자리 잡아달라고 부탁하였다. 두 사람은 곡령으로 올라가 산수(山水), 천문(天文), 시운(時運)을 살핀 다음 용건의 새 집터를 골랐다. 이 땅의 지맥은 임방(壬方)에 있는 백두산 수모목간(水母木干)에서 뻗어 내려와 마두명당(馬頭明堂)에 떨어졌다.

"용건(龍建) 처사는 수명(水命)을 타고났으니 대수(代數) 따라 육육삼십육간의 집을 지으면 천지대수에 부합하여 명년에 슬기로운 아들을 낳게 될 것입니다. 아들의 이름은 꼭 왕건(王建)으로 하십시오."

"임금 왕(王)? 세울 건(建)? 왕을 세우다? 아이쿠! 이런! 이러다가 반역자로 잡혀 죽는 거 아니우?"

■ 경천지주(驚天之柱) 풍수 이야기

우리나라는 수근목간(水根木幹)의 땅이니 흑색은 부모, 청색은 자식이다. 백두산에서 출발하여 목간 땅에 지기 감응하여 완성할 수 있다. 팔원(八元)이 이것을 알고 강충에게 일러주었다. 감우팔원이 말하기를 삼건(三建)을 이룬 뒤에 경천(驚天, 하늘을 놀라게 하고 땅을 흔든다는 뜻으로, 세상을 몹시 놀라게 하는 것을 비유적으로 이르는 말)의 기둥이 된다고 예언하였다.

작제건, 용건, 왕건에 이르러 삼한을 통일하고 고려를 건국한다. 송악 남쪽 기슭에 머물렀다. 이곳은 강충이 살던 곳이다. 작제건은 아들 용건(龍建)을 낳았다. 용건(龍建)은 송악 남쪽에 집을 지으니 이곳이 연경궁 봉원전터이다.

용건(龍建)이 새집을 짓는 것을 보고 수수를 심을 땅에 어찌하여 삼을 심느냐 하고 사라졌다. 부인이 듣고 용건(龍建)에게 전하니 뒤쫓아가 곡령에 올라 수모목간(水母木幹)으로 마두명당에 떨어진다.

수(水)의 대수로 육육삼십육구를 이루면 천지의 대수에 부응한다. 내년에 틀림없이 성자(聖者)를 낳는다. 왕건(王建)이라 하라 이른다. 용건(龍建)은 도선의 말대로 집을 지었다. 부인 위숙이 임신하여 왕건(王建)을 낳았다.

4. 민족분열(民族分裂)

17살 난 왕건(王建)을 찾아가 충고하고 도선비기(道詵秘記)를 집필 후 입적한다. 왕건부자(王建父子)는 송악에 성(城) 쌓고 궁에 부하로 들어간다. 도선(道詵)의 예언적중. 도선사후(道詵死後) 20년 만에 고려(高麗)를 건국(建國)한다.

(1) 임금의 종자씨

서기 894년. 천여 년 전 도선은 늙은 몸을 이끌고 송악까지 걸어가서 열일곱 살 왕건을 직접 만났다. 예전에 자리 잡아주었던 집터를 찾는 일은 어렵지 않았다. 장성해 있는 신장감을 찾는 일은 더더욱 쉬웠다.

"할아버님 존함이 뭐냐?"

"작제건(作帝建)입니다."

"아버님은?"

"용건(龍建)입니다."

"끝자가 모두 건(建)이구나!"

"네 이름은?"

"왕건(王建)입니다."

"삼건(三建)이라!"

"성(姓)은 뭐냐? 작씨(作氏)냐? 용씨(龍氏)냐?"

"아닙니다. 왕씨(王氏)입니다."

집 안에 있던 용건(龍建)이 왕씨라는 말을 듣고 깜짝 놀라서 뛰어나왔다.

"이녀석아, 왕(王)의 씨라니? 애비 죽이려고 환장했구나? 우린 성(姓)이 없어! 굳이 둘러대려면 작씨(作氏)라고 해!"

그러자 도선은 18년 전에 보았던 용건(龍建)의 어깨를 두드리며 말했다.

"관두시우. 아이의 성은 왕씨(王氏)가 맞소이다. 나 모르겠소!"

그제서야 용건(龍建)은 그가 도선인 줄 알아차리고 한숨 놓았다.

"이제부터 당신도 왕씨(王氏)입니다. 자식 성을 애비가 따르는 집은 우리밖에 없을 듯하오. 왕건의 목숨을 지키고 왕건이 해야 할 일을 무사히 마치기 위해서는 하는 수 없소. 당신은 지금부터 용건(龍建)에서 왕륭(王隆, 임금을 성하게 함)이라 합시다. 그러면 왕건(王建)이라 불러도 성(姓)이 왕씨(王氏)려니 하고 의심하지 않을 것이오."

고려사에도 왕건의 성씨(姓氏) 문제에 혼란을 일으키고 있다.

(2) 난세영웅(亂世英雄)

"왕건(王建)! 그대는 혼란한 때에 태어났으니 시대에 감응해야 한다."

영웅(英雄)이란 모름지기 시대가 필요하여 부른 것. 시대가 원하는 것이 무엇인지 스스로 깨달아야 한다. 하늘이 정한 터를 빌려서 태어났으니 말세의 창생(蒼生)들을 주게 해야 한다.

"말세라고 아우성인데 저라고 무슨 재주로 세상을 바로 세웁니까? 하필 난세(亂世)에 태어났을까요?"

"태평성대에는 영웅(英雄)이 나지 않는다. 천 년간 서라벌을 바라보던 하늘이 지금 다른 데를 쳐다보고 있다. 서라벌은 이제 끝났어. 새로 힘 얻는 사람들이 있으니 육두품 이하 지방호족들이다."

선종(禪宗) 또한 팔팔한 기세로 뻗어 오르고 있다.

"그 힘을 타라. 어느 세상에나 맥은 있다."

왕건은 도선이 말하는 뜻을 알아들었다.

(3) 비법오종(秘法五種)

도선은 본론으로 들어가 첫째, 사람을 부리는 법을 가르쳤다. 명리를 가르쳤다. 둘째, 진법(陣法) 놓는 기문둔갑(奇門遁甲)을 가르쳤다. 기문둔갑은 치우(蚩尤)와 황제(皇帝) 간에 벌어졌던 탁록대전에서 황제가 신인(神人)으로부터 얻은 부적에서 비롯되었다고 한다. 부적에서 1,800가지의 진법이 개발되었다.

유방을 도와 한 왕실을 창업한 장량(張良)을 장자방(張子房)이라 부른다. 조선 세조 때 한명회가 장자방 흉내를 내었다. 장자방이 72국으로 줄였다. 제갈공명은 18국으로 줄였다. 따라서 열여덟 가지 진법을 자유자재로 구사하면 전투에 임하여 승리할 수 있다는 방법의 비결로 발전하였다.

셋째, 전투에 유리한 지형을 찾아내는 법을 가르쳤다. 개성 출신의 화담 서경덕이 조선식 기문둔갑을 지은 책인 홍연진결(洪煙眞訣)로 미루어 보아 우리나라에서도 일찍부터 이용된 듯하다. 넷째, 날씨 등을 보아 적당한 시기를 선택하는 천시법(天時法)을 가르쳤다. 천문을 보아 택일하는 것으로 전투할 날짜나 시각을 정하는 술법이다. 천시법을 잘 쓴 사람은 임진왜란 때 이순신이 출전에 앞서 반드시 택일하였고 점쳤다. 다섯째, 감통보우(感通保佑) 비법을 가르쳐 초인간적인 힘을 이용하는 술(術)을 전수시켰다.

"무슨 말인지 하나도 모르겠습니다. 스님!"

"내가 두 사람을 보낼 터이니 그들에게 묻고 행하라! 천문, 지리, 방법에 능통한 사람들이다. 민족을 잘 이끌어가기 바란다."

도선은 왕건에게 경보와 최지몽을 천거했다.

"후삼국 시대가 도래하여 패권을 다툴 때 그들을 품안에 끌어안아라. 그래야만 이 나라 백성들이 다투지 않는다. 대권을 잡더라도 민족을 갈라놓으면 만고의 역적이 되느니라."

왕건은 후백제왕 견훤과 신라 경순왕으로부터 항복을 받아 건국에 동참하도록 벼슬을 주고 화합한다.

"신라가 교불(敎佛)로 정치 이념을 삼았다면 장차 그대는 선불(禪佛)을 내세워라. 한 시대를 도모하는 자는 항상 그 시대의 생기가 자신의 편이 되도록 힘써야 한다."

도선은 왕건에게 고려국(高麗國)을 세우라는 밀지를 남기고 옥룡사로 돌아가 도선비기를 썼다. 그리고 왕건의 뒤이을 후세 선장이 태어날 자리를 닦고 다녔다. 국난에서 나라를 구해낼 영웅을 도울 인재를 생산할 자리를 기록한 것이다. 아마도 도선이 세운 절이나 탑을 뒤지면 흔적을 볼 수 있을 것이다.

(4) 성주왕건(城主王建)

도선이 왕건을 만난 지 세 해 뒤 왕건이 스무 살 되던 해에 왕건의 아버지 왕륭은 후고구려를 세워 맹위를 떨치던 애꾸눈 궁예를 찾아간다.

"아들인데 대왕께서 우리의 옛땅을 되찾아 왕국을 세우시는 대역사에 심부름시켜 주십시오. 가산을 털어 송악에 성 쌓아 대왕께 바칠 터이니 이 녀석을 성주로 삼아주시기 바랍니다."

"네 돈으로 성 쌓겠다는데 어린애 하나 성주로 삼는 게 뭐가 어려워."

왕륭은 발어참성이라는 성을 쌓고 아들을 성주 자리에 앉혔다. 드디어 궁예의 터에 뿌리를 묻은 것이다. 몇 해 뒤에 궁예는 도읍을 송악으로 옮기니 도선의 예언은 착실히 들어가게 되었다.

(5) 옥룡자(玉龍子)

최씨(崔氏) 처녀가 겨울에 우물에 있는 오이를 먹고 잉태하여 낳으니 어미 성을 따랐다 한다. 하지만 애비 없는 자식이라고 숲속에 버렸다. 수많은 비둘기가 모여 감싸 보호하였다 하여 구림(鳩林)이라 불렀다. 훌륭한 인물은 고난을 겪게 된다. 고생은 젊어서 사서 한다. 도선사(道詵寺)는 전남 영암군 궁서면 도갑리 월출산에 있다. 옥룡사(玉龍寺)는 전남 광양군 백계산(白鷄山)에 있는데 비석에 다음과 같은 글이 기록되어 있다.

도선(道詵)은 김씨 어머니 강씨는 맑은 구슬 한 개를 주면서 삼키라 하여 구슬을 삼키고 꿈을 깬 후 임신하여 출산하였다 하여 옥룡자라 한다. 영암 사람인데 태종왕의 서얼손(庶蘖孫)이고, 어머니는 강씨(姜氏)라고 한다. 도선은 국토 전체를 하나의 유기체인 만다라(曼茶羅)로 보고 지세에 맞추어 절탑, 불상, 부도를 세워 국난을 없애려 하였다. 이리하여 팔도강산에 발자취를 남기지 않은 곳이 없다.

5. 고려건국(高麗建國)

　세상이 어지러운 가운데 할 일을 다 마친 도선은 약속된 명(命)을 다하고 하직했다.
　인(因) 있어 맺은 연(緣)!
　인(因)이 다하여!
　연(緣)이 끊기니!
　나는 간다!
　말년에 오랫동안 침묵수행하던 도선은 마침내 도선비기(道詵祕記)만을 남기고 죽었다. 신라 효공왕 2년인 898년 효공왕은 도선에게 공을 깨우친 분이라는 뜻으로 료공(了空)이라는 시호를 내렸다.
　옥룡사 선문은 경보가 맡았다. 경보는 도선의 유지를 받들어 옥룡사 선문을 중흥시키다가 왕건을 돕기 위해 송악으로 간다. 최지몽은 앞서 왕건의 측근으로 들어가 고려건국에 참여한다. 지는 중에 뜨는 것이 있고, 무너지는 중에 솟아남이 있다. 그리하여 918년 도선사후 20년 만에 왕건은 마흔두 살의 나이로 마침내 고려를 건국하였다.

"짐이 고구려(高句麗)를 다시 일으켰다."

(1) 도선비기(道詵祕記)

서울 북한산에 도선사(道詵寺)가 있다. 도선이 절터를 잡으면서 조그만 암자로 기도하는 곳이다. 절대로 크게 넓히지 말라고 했다. 큰 암석에 마애관음보살상을 조각하였다. 하지만 청담스님이 넓히지 말라는 도선비기의 금기사항을 파기했다.

대통령 영부인 육영수 여사의 도움과 많은 신도들의 후사금으로 터를 넓히고, 호국참회원인 종합포교센터를 짓고 청담스님은 갑자기 입석했다.

명당이란 생기가 천만년 지나도록 관장한다. 도선(道詵)은 팔도를 돌면서 절, 부도, 탑, 불상을 지기(地氣)에 맞추어 결함을 보충하려고 세웠다.

우리나라 산은 흐름이 아름답고 산맥이 구불구불하고, 일어났다 엎드리는 기복 굴곡으로 변화 활동하여 생룡(生龍)으로 명당이 많다.

一起一伏 節節可裁!
일기일복 절절가재!

도선은 고려왕조의 기틀을 닦아주는 데 크게 기여했고, 천여 년간 정치, 문화, 사회에 지대한 영향을 미쳤다.

(2) 훈요십조(訓要十條)

왕건이 얼마나 도선을 믿었느냐 하면 후손에게 비밀리에 내린 훈요십조(訓要十條)가 있다.

첫째, 새로 지은 절은 모두 도선스님이 산수지리의 순조로움과 거스름을 점쳐서 개창했다. 후세의 간신(姦臣)이 정권을 잡고 승려들의 간청에 따라 각기 사원을 경영, 쟁탈하지 못하게 하라.

둘째, 도선왈(道詵曰), 내가 정한 곳 이외의 땅을 함부로 파서 절을 지으면 지덕(地德)을 손상시켜서 왕조가 오래가지 못한다. 후세의 국왕은 절대로 마음대로 절을 짓지 말라. 신라 말엽에 사탑(寺塔)을 함부로 지어 지덕을 손상시켰기 때문에 신라는 망했다. 경계해야 한다. 왕건이 도선의 심법(心法)을 받아 실천하려 한 흔적이 훈요십조에 잘 나타나 있다. 불도(佛道)를 닦으므로 자기 직책을 다하라. 왕건은 도선의 영향을 받아 국가통치 이념으로 선불교를 택했다.

셋째, 왕위를 큰아들에게만 계승시키지 말고 가장 똑똑한 아들을 찾아 정통을 잇게 하라. 몽골계통의 유목민이 말자상속(末子相續) 풍속과 어떤 관련이 있는지 모르지만 중국식의 장자상속을 주장하지 않은 것은 독특하다.

넷째, 중국과 우리는 사람이 다르고, 지리도 다르니 억지로 맞추려 애쓰지 말고 독창적으로 풍속을 밝혀라. 자주정신을 밝힌 것으로 중국에 대해 사대(事大)하는 일은 없었다.

다섯째, 국왕은 춘하추동의 중간 달을 골라 1년에 100일 이상 서경(평양)과 남경에 머물러 그곳의 수덕(水德)을 입어야 한다. 이 역시 도선의 환경사상을 받든 것이다.

여섯째, 나의 소원은 연등회(燃燈會)와 팔관회(八關會)에 있는 바, 연등은 부처를 제사하고, 팔관은 하늘과 5악(岳)·명산·대천·용신(龍神) 등을 봉사하는 것이니, 후세의 간신이 신위(神位)와 의식 절차의 가감(加減)을 건의하지 못하게 하라.

일곱째, 임금이 신민의 마음을 얻는다는 것은 매우 어려우나, 그 요체는 간언(諫言)을 받아들이고 참소를 멀리하는 데 있으니, 간언을 좇으면 어진 임금이 되고, 참소가 비록 꿀과 같이 달지라도 이를 믿지 아니하면 참소는 그칠 것이다.

여덟째, 공주강 이남은 산형 지세가 반대 방향으로 뻗었고, 백제를 통합한 한이 크니 양민이라도 관직을 주어 정치에 참여시키는 일이 없도록 하라.

아홉째, 무릇 신료들의 녹봉은 나라의 대소에 따라 정할 것이고, 함부로 증감해서는 안 된다.

열째, 국가를 가진 자는 항상 무사한 때를 경계할 것이며, 널리 경사(經史)를 섭렵해 과거의 예를 거울로 삼아 현실을 경계하라.

참으로 이상하다. 도선도 금강이남 사람이다. 자신의 좌우에서 도움을 준 경보, 최지몽도 금강이남 사람 아닌가. 왕건이 금강이남 사람을 쓰지 말라는 것은 전라도 사람을 지칭하는 것은 아니다. 우선 산세가 반대 방향으로 뻗었다는 것은 산태극(山太極) 수태극(水太極)[9]을 이룬 금강유역을 한정해서 하는 말이다.

진안, 무주, 여동, 회덕, 공주, 부여, 군산으로 이어지는 금강은 그믐달 형세고, 계룡산에서 대둔산, 덕유산, 속리산으로 흘러가는 산맥은 초승달 형세라 산과 강을 합치면 태극이 된다. 산태극 수태극의 접점인 계룡산 신도안은 한바탕 큰 세상을 열어젖힐 신비한 땅으로 인식되었다. 왕건도 언젠가 고려를 무너뜨릴 왕조가 여기쯤에서 나오리라 짐작했을 것이다.

왕건은 또한 이곳을 중심으로 세력을 떨쳤던 후백제에 대한 기억이 죽을 때까지 쓰라렸을 것이다. 고려를 위협하고 신라를 정복하여 경애왕을 죽이고 허수아비 경순왕을 세워놓은 강국 후백제. 결국 처절한 전투를 치르고 나서야 굴복시킬 수 있었기 때문이다. 이런 이유로 왕건은 지금의 충청남도 중남부 일부와 전라북도 중북부 일부를 가리켜 아주 두려워해야 할 땅으로 규정한 것이다.

백제의 고토이자 후백제의 근거지다. 열째 역사서적을 읽어 옛일을 교훈 삼아라. 여기서 왕건이 민족 주체성을 확립하려고 애쓴 흔적을 볼 수 있다. 후백제의 견훤도 중국땅에서 일어난 오월왕(吳越王)에

9　산태극 수태극(山太極 水太極) : 풍수지리에서, 산줄기와 흐르는 물이 휘둥그스름하게 굽이져 태극 모양을 이루는 형세를 말한다.

게 벼슬까지 주던 시절이 아니었던가. 우리나라가 사대주의에 빠진 것은 훨씬 뒤의 일이다.

(3) 창업론(創業論)

왕건은 고구려, 신라, 발해를 잇는 통일민족국가 고려를 건설하는 과정에서 도선을 십분 활용했다. 왕건의 입장에서 보면 도선은 매우 요긴한 몇 가지 정치 논리를 제공한다.

첫째, 왕건만이 새 나라를 창업할 큰 인물이라는 점을 최고선사 도선이 확인해주었다.

둘째, 신라의 국도 서라벌을 중심으로 짜여있던 정치, 사회, 문화, 경제의 구조를 개성 중심으로 바꾸기 위해서 도선의 환경론을 적극적으로 이용했다. 과거의 명당인 신라의 고도 경주를 지기(地氣)가 쇠한 쓸모없는 땅으로 규정하고, 생기복덕(生氣福德)하는 새로운 명당인 송악이야말로 천하에서 가장 좋은 국도의 터임을 홍보했다.

셋째, 당시의 지식인 그룹이던 구산선문의 선사(禪師)들을 창업(創業)에 끌어들일 필요가 있었다. 그러기 위해서 당시 선종의 대표급 지도자였던 도선을 적극적으로 받들었다. 왕건은 도선의 제자까지 받아들이고 도선이 떠난 뒤 무사히 고려를 일으켰다. 송(宋)에 맞서는 강국으로 국제무대에 등장했다.

6. 조선건국(朝鮮建國)

李준경 = 李安社 = 李行里 = 李椿 = 李子春 = 李成桂

환경학에서 무불통지한 대승(大僧)이 어린 동자승에게 환경학(Environment)을 전수하던 중 준경에게 천하 대명당을 주고, 나옹(懶翁)이 무학(無學)에게 환경학을 전수하던 중 이자춘에게 천하 대명당을 주어 이성계를 낳게 하고, 무학으로 하여금 이성계를 도와 조선을 건국하게 하고, 황환(황희의 할아버지)에게 대명당을 주어 조선의 명정승 황희를 낳아 나라의 기둥이 되게 하였다.

고려 성조 때 여철선사(如哲禪師)가 수리하고, 고려 25대 충렬왕 때 부암화상(浮菴和尙)이 복원하였다. 고려가 망해가고 있을 때 명산 대찰을 찾아 창업 개국의 야망을 세우고, 명산 대찰을 찾아 기도한 곳 중에서 어머니격인 계룡산신은 이성계를 옹호하였다. 나옹(懶翁)은 평산

처림의 법자요 지공(指空)의 의발(衣鉢)을 받으니 왕사가 되어 달마(達摩) 이래의 조계선풍(曹溪禪風)을 일으켰다.

귀중한 시기에 왕권은 분열되어 고려왕조는 강력한 힘에도 불구하고 내분으로 망한다. 이에 이성계는 새로운 나라를 세우고 유교를 내세웠다. 자초(自招) 무학(無學)대사는 나옹(懶翁)의 법자로 조선왕조를 도와 왕도를 정함에 일익을 담당하였다. 연천봉이 700여 미터로 솟아 있고 좌후방에 주봉인 천황봉이 850여 미터로 웅장하게 신원사를 감싸서 계절 따라 호연지기로 계곡이 굽이치며 유유히 흐르는 맑은 물은 인간 세진(世塵, 세상의 사사로운 일)을 씻어주듯 한다.

중악단(中嶽壇)은 예로부터 내려오던 기우제 터이며 산신 기도처로 국가의 위기 때마다 대기를 올렸다. 이성계가 등극하기 전에 명산을 두루 다니며 산신 기도를 하였다. 무학의 선몽에 의하여 계룡산신을 모시는 제단을 성역화하고 누각을 건립하여 대대로 산신 기도를 올리던 유일한 누각으로 내려왔다. 고종 16년 단주화상(丹珠和尙)이 중수하여 고종황후 민비가 친히 기도를 올린 곳이다.

묘향산의 상악단, 지리산의 하악단에 이어 대산신의 중앙이라 고종조 직지어사 이중하를 왕실에서 보내어 중악단이라 편액(扁額, 종이나 비단, 널빤지 따위에 그림을 그리거나 글씨를 써서 걸어놓는 틀)을 설치하였다.

한반도 최고의 산신 기도 도량으로 근엄함과 위용을 갖추고 있다. 영원전(靈源殿)은 태조 등극 초 무학대사에 의하여 창립된 원형초석 위에 원형기둥으로 세워진 정면삼간 측면삼간의 서향건물로 일반 사찰에선 찾아볼 수 없는 독특한 이름을 가진 신원사와 더불어 제령의 근원이다.

(1) 조선과 무학(朝鮮과 無學)

고려는 그 뒤 요, 금, 원으로 이어지는 옛 고구려 땅에서 일어난 돌풍으로 시련을 겪는다. 고려 역시 신라처럼 귀족주의에 빠져 흔들릴 때 홀연히 이성계라는 무인이 나타나 조선을 창업한다. 무학이라는 승려가 도선의 뜻을 이어주었다. 도선의 환경론(環境論, Environment)이 손상 없이 조선에 전해졌다.

고려에 이어 등장한 조선이 무너진 뒤 오늘의 대한민국 정부를 이끌어 항구에 내려줄 도선사는 누구일까? 안타까운 일은 이른바 명당 길지라는 곳에 썩어 문드러진 쓰레기만 자꾸 묻는다는 점이다. 명당을 파괴하여 못된 것이 혈처를 타고 마구 흘러 다니고 있는 것이다.

7. 천년후 기항(千年後 寄港)

　왕건(王建)은 도선(道詵)의 가르침인 훈요십조(訓要十條)를 통해 후손에 전수, 이성계가 조선창업(朝鮮創業) 때 무학(無學)이 환경론을 이어줘, 오늘날 한반도호(號)를 이끌어갈 훌륭한 도선사(導船師)를 누가 낳아 기르고 있는가.

(1) 미래(未來) 터전

　이 땅이 정말 도선이 말한 큰 배라면 깨지고, 부서지고, 갈라져서 배 구실을 더는 못할 것 같다.

　嗚呼痛地!
　오 호 통 지!

배를 버리기로 작정했다면 몰라도 자자손손이 살아야 할 이 땅을 이토록 마구잡이로 파헤친 적은 역사 이래 없었다. 버릴 배로 작정했다면 우리 민족이 내릴 곳은 어디란 말인가? 도선(道詵)은 천 년 뒤의 오늘을 보고 배를 띄우지 않았을까? 이제는 배에서 우리 민족이 모두 내려야 할 때인가?

도선은 한반도 호를 고쳐서 천년항해(千年航海)를 시켰다. 이제는 그가 예언했던 후천시대가 되었다. 이전의 문화 문명과는 전혀 다른 후천(後天) 세상이 시작된 것이다. 후천개벽의 시대인 이른바 후천의 새벽이다. 이 순간 반도는 더 이상 배가 아니다. 배를 타고 있을 수만 없다. 배를 우리 민족이 내릴 터에 이끌어야 한다.

한민족 호가 내릴 곳 우리의 미래 터전은 어디인가? 그것은 우리가 왈가왈부할 일이 아니다. 그 역할을 할 사람이 길러야 한다. 오랫동안 기다려온 민족의 지도자 도선사(導船師)가 진인(眞人)이다.

우리 민족이 안전하게 내리도록 이끌어줄 도선사(導船師)가 진정한 지도자다. 천 년 전에 배 띄운 사람이 도선사(導船師)였으면 이제 항해를 마치고 귀환할 민족의 진정한 인물 또한 도선사(導船師)다.

세계제일명당(世界第一明堂)

지구가 처음 형성될 때 곤륜산을 지붕으로 하고 좌우 양쪽으로 분리시켜 백호는 로마교황청이 지배하고, 청룡은 중국의 자금성이 지배했다. 로마교황청은 백호의 중심지로 유럽을 통치하였다. 북경의 자금성은 동양 전체에 영향력을 발휘하였다. 십억이 넘는 중국인을 이끌고 더구나 긴 잠에서 깨어나 앞으로 용진하는 엄청난 세력으로 세계를 이끌어가리라.

우리나라는 산천이 빼어나게 아름다워 감응이 빠른 음택으로서 세계 제일로 인정한다. 산천(山川)이 아름다워서 명당자리가 많기로 세계 제일이요, 지구상에서 하나밖에 없는 천하제일 명당이 금수강산에 결응되어 있다.

진혈천장지비(眞穴天藏地秘) 이대유덕지인(以待有德地人)

참된 혈은 하늘이 감추고 땅은 비밀로 하여 덕 있는 사람을 기다리고 있다. 혈은 누구나 구할 수 있는 것이 아니며 효심과 덕을 많이 쌓는 사람만이 구할 수 있다고 하며 충남 내포(內浦)지구라 일러왔다. 당나라 양태진이란 도인이 당포에 와서 내포 산세를 돌아본 적이 있다고 한다.

음택(陰宅)으로 전하 대명당인 자미원국(紫微垣局, 최고의 명당을 의미한다. 자미원국이란 천상의 성운의 별자리가 땅에 드리워진 형국을 말하는 자미원(紫微垣), 천시원(天市垣), 태미원(太微垣), 소미원(少微垣) 사대원국을 말한다. 특히 자미원국은 풍수의 형세상 황제의 자리라 하여 전 세계를 지배하고 다스리는 황제가 머무는 자리를 말한다)이 백제 땅에 있고, 양택(陽宅)으로 천하 대명당인 자미원국(紫微垣局)이 중국에 있다고 당나라 양태진이 일렀다고 한다.

자미원국(紫微垣局)은 삼길(三吉), 육수(六秀) 구성(九星)이 모두 갖추어진 곳으로 절대 두 자리가 아닌 천하제일의 유일한 대명당이다.

지구가 처음 생길 때부터 정해 있어 70억 세계 인구를 이끌어갈 위대한 통치자를 배출할 세계 제일의 명당은 과연 우리나라 어디에 있을까? 미래의 이 나라를 이끌 자, 제왕은 누구인가? 이 시대의 진정한 도선사(導船師)가 어디선가 꿈을 키우고 힘을 기르고 있을 것이다. 진정한 도선사(導船師)는 누가 될 것인가?